PRECISO DIZER O QUE SINTO

Eugenio Mussak

PRECISO DIZER O QUE SINTO

INTEGRARE
EDITORA

Publisher
Maurício Machado

Supervisora editorial
Luciana M. Tiba

Coordenação, arte e produção editorial
Crayon Editorial

Capa e projeto gráfico
Alberto Mateus

Preparação de texto e revisão
Fernanda Marão e Sandra Brasil

Foto da capa
Manoel Guimarães

Dados Internacionais de Catalogação na Publicação (CIP)
(Câmara Brasileira do Livro, SP, Brasil)

Mussak, Eugenio
Preciso dizer o que sinto / Eugenio Mussak. – São Paulo : Integrare Editora, 2010.

Bibliografia.
ISBN 978-85-99362-61-7

1. Atitude (Psicologia) 2. Conduta de vida 3. Emoções 4. Mudanças de vida – Acontecimentos 5. Sentimentos I. Título.

10-13099 CDD-158.1

Índices para catálogo sistemático:

1. Sentimentos e atitudes : Reflexões : Psicologia aplicada 158.1

Rua Tabapuã, 1123, 7º andar, conj. 71/74
CEP 04533-014 - São Paulo - SP - Brasil
Tel. (55) (11) 3562-8590
Visite nosso site: www.integrareeditora.com.br

PRECISO DIZER O QUE SINTO

Conheci o Eugenio na primavera de 2000, quando ambos fazíamos uma caminhada pelo parque Barigui, em Curitiba. Eu estava com a minha irmã, que fora sua aluna um ano antes em aulas de biologia. Ele estava com sua fiel escudeira, Lua, uma cachorrinha *spitz* alemã.

Alguns meses antes, ele havia sido entrevistado por uma revista da qual eu era assinante e como minha irmã gostava dele como professor, resolveu escrever uma carta elogiando a matéria. Ela nunca mais o havia encontrado, depois do término das aulas em 1999. A ocasião foi perfeita para rever o querido professor, usando como gancho a cartinha publicada. Naquele momento o destino sorriu!

Achei ele interessante, trocamos telefones e naquele mesmo dia saímos para tomar um chá da tarde. A química foi imediata. Depois deste chá, nunca mais deixamos de nos falar, um dia sequer.

Já se passaram dez anos desde então. Dez anos de muito amor, admiração, compreensão, respeito, confiança, paixão, intimidade, comprometimento, de muitos outros chás. E de inúmeros artigos e livros publicados.

Ao longo da minha parceria com Eugenio Mussak, homem, companheiro, amigo, professor, palestrante, escritor, sócio nos negócios, ouço com alguma frequência perguntas do tipo: como ele é, de verdade? Como é conviver com ele?

Encontrei a oportunidade única de responder a estes questionamentos quando ele resolveu publicar este livro chamado, não por acaso, *Preciso dizer o que sinto.*

Preciso dizer o que sinto é um livro que aborda temas como a amorosidade, o perdão, a força interior, a generosidade, o diálogo, a amizade, a importância do companheiro na vida de uma pessoa, as crises da vida, a administração do nosso tempo, o equilíbrio entre a vida pessoal e a profissional, as brincadeiras e o saborear da vida. Todos esses elementos fazem parte da vida de qualquer adulto e todos nós queremos aprender ou ter um olhar diferenciado sobre eles.

Cada capítulo do livro descreve um tema e todos foram inspirados na grande e intensa experiência de vida de Eugenio. Além disso, em sua elegante mas acessível escrita, ele cita poetas e filósofos, seus grandes companheiros de escritos e leituras e de suas animadas conversas, seja comigo, seja com um amigo, seja em suas palestras e aulas.

Preciso dizer o que sinto revela quem é e como pensa este homem racional e ao mesmo tempo altamente sensível para a vida.

Pois bem. Preciso dizer que, na vida real, Eugenio não é diferente do que se mostra nestes escritos: tem uma vasta cultura sobre diversos assuntos, uma memória prodigiosa e uma capacidade fantástica de se fazer entender. É sério, às vezes irônico, bem-humorado, otimista inveterado, rico de valores humanos, sensível, sonhador.

Diariamente luta para ser disciplinado e escrever seus artigos em dia, preparar livros, responder às dúvidas e angústias de seus leitores, ler livros, fazer exercícios físicos. É extremamente dedicado. Prepara, revisa e ensaia todas as suas palestras, mesmo que ele já tenha falado sobre aquele assunto mais de cem vezes. Até para suas falas na rádio ele faz um roteiro.

Como qualquer um de nós, às vezes é inseguro. Muitas vezes é manhoso. Preocupa-se com os filhos. Adora brincar com nossas cachorras. Chora em filmes. Tem manias. Gosta de zapear a TV. Adora conhecer novos lugares e culturas, comidas e vinhos. Joga tênis comigo, às vezes ganha...

Sua maior luta é pela Educação. A ela dedicou 40 dos seus 61 anos de idade. Também está envolvido com várias causas, como a da paz, da sustentabilidade e do desenvolvimento dos recursos humanos no Brasil.

Vinte e seis anos de vida nos separam. Longe de pensar em um fim, penso todos os dias em um recomeço ao lado dele.

Convido você, leitor, a juntar-se a nós nesta jornada e ter a coragem de mudar, viver a vida intensamente e dizer a todos o que de fato sente.

Boa leitura!

LUCIANA PIANARO MUSSAK
Primavera – 2010

SUMÁRIO

PRECISO DIZER O QUE SINTO 5

DEDICATÓRIA 14

AGRADECIMENTO 14

SOBRE O MUNDO INTERIOR

1 **PRECISO DIZER O QUE SINTO** 17

O mundo está sempre querendo saber o que eu penso, mas eu quero mesmo é dizer o que sinto.

2 **SOU MAIS FORTE DO QUE PAREÇO** 28

Há muitas fontes de energia. O ser humano tem um tipo especial, só seu, que lhe dá força para realizar, trabalhar, fazer ciência, produzir arte, superar adversidades, construir história.

3 **MINHAS CRISES COTIDIANAS** 36

Para aprender a lidar com as crises temos de perceber que nada na vida é definitivo e que o tempo será o recurso mais útil para acalmar o espírito, apagar as mágoas e limpar o arquivo do sofrimento.

4 ÀS VEZES ME SINTO INFERIOR 44
Somente a maturidade emocional nos dá condições de criar expectativas saudáveis a nosso respeito e de lidar adequadamente com as expectativas dos outros.

5 NÃO QUERO SER UMA CÓPIA 51
O que interessa mesmo é o que realmente somos, e não o que os outros querem que sejamos, colocando em nosso corpo marcas que às vezes grudam em nossa alma.

6 EU EM PRIMEIRO LUGAR 59
O paradoxo do egoísmo – seria melhor dar-lhe outro nome, mas há um tipo de egoísmo que é considerado bom.

7 EQUILÍBRIO NA VIDA 68
Basicamente, o equilíbrio trabalho–vida pessoal converteu-se em debate sobre até que ponto deixamos que o trabalho absorva toda nossa vida.

8 A FILOSOFIA DA AMOROSIDADE 76
Como compreendi a importância de viver em harmonia sem perder o direito à opinião e ao posicionamento.

SOBRE PESSOAS E RELAÇÕES

9 O INFERNO SÃO OS OUTROS 87

Se aquilo que eu quero é ligeiramente diferente daquilo que você quer eu vou tentar influenciá-lo ao mesmo tempo em que você tentar me influenciar.

10 NUNCA ESTAMOS LIVRES DO FALATÓRIO 95

No trabalho, na vizinhança, na família. Em todos os ambientes o hábito de fofocar sobre a vida alheia parece ser um componente natural da vida em sociedade.

11 O PODER DO DIÁLOGO 103

O diálogo com os outros começa pelo diálogo consigo mesmo, e significa a justaposição das ideias, da fricção entre valores, do choque dos desejos, da priorização das necessidades. Sempre haverá dois, ainda que dentro de um.

12 O COMPANHEIRO E A VIDA 111

Companheiros compartilham do mesmo pão. Não importa se o pão é fresco, macio e abundante ou se está endurecido, passado e escasso. Companheiros compartilham o que têm, o pão e os sonhos; o presente e o futuro.

13 O PERDÃO LIBERTA QUEM PERDOA 118

Sem considerar a justiça, o perdão é obsceno; sem contemplar o perdão, a justiça é malévola; afinal, a justiça é uma necessidade, o perdão, uma possibilidade.

14 **O AMOR RACIONAL** 125

Sim, o amor é um sentimento, mas há um componente lógico na sua construção e na sua manutenção.

15 **MEUS FILHOS NÃO SÃO MEUS FILHOS** 132

Cuidar dos filhos é uma tarefa doce, mas às vezes pode ser um pouco amarga, se não estivermos preparados para assumir tal responsabilidade.

16 **A GRANDEZA CONTIDA EM UM ATO DE GENEROSIDADE** 139

A fome e o medo são instintos do corpo, a generosidade é um instinto da alma. Por meio dela providenciamos a sobrevivência do que há de mais belo em nossa natureza humana: a dignidade.

SOBRE FATOS E COISAS

17 **O VERDADEIRO VALOR DO DINHEIRO** 151

As limitações supérfluas são um bloqueio para o fluxo da evolução tanto quanto as aquisições supérfluas.

18 **QUERO CONHECER O MUNDO** 158

Uma viagem não se esgota no retorno. Continua em nossa lembrança em forma de imagens, sons, cheiros, texturas.

19 **QUE DELÍCIA** 166

A arte em geral tem a função de agradar o espírito humano, mas, antes, precisa ser capturada pelos sentidos, e a mesa é um bom lugar para essa experiência.

20 **O CORPO QUE ME ACOMPANHA** 174
Desenvolver consciência corporal – sentir o corpo – ajuda a desenvolver uma consciência maior, com reflexos no autoconhecimento e nas relações humanas.

21 **A MORTE EM MINHA VIDA** 182
Todo mundo sabe que a única coisa verdadeiramente certa em nossa vida é a morte, mesmo assim temos imensa dificuldade em lidar com esse tema tão humano.

22 **QUANDO ALGUÉM VAI EMBORA** 190
A sensação de vazio que se abre em nosso peito quando alguém querido se afasta é um sentimento que pode ser bom.

23 **FAZENDO AMIZADE COM O TEMPO** 198
Na dimensão temporal atual, o passado recebe o nome de memória, e o futuro tem vários pseudônimos, tais como sonho, desejo, medo e esperança.

24 **BRINCAR NÃO TEM IDADE** 206
Se você, adulto ciente e responsável, ainda não desatou a brincar, é porque ainda lhe falta maturidade.

GLOSSÁRIO 215

DEDICO...

... à Debora, minha filha menor (maior?), que não sabota seus sentimentos, não sonega seu afeto e não se furta a dizer o que pensa. Amo você.

AGRADEÇO...

...a meus leitores, que justificam meu trabalho, que ampliam meu pensamento e que tanto colaboram com suas impressões, críticas e sugestões. Preciso dizer que vocês são imensamente importantes para mim.

...a meus amigos, que são uma extraordinária riqueza que tenho na vida. Eu conto com eles em todos os momentos, os alegres e os graves. Preciso dizer que vocês também contam comigo, sempre.

...à jornalista Márcia Bindo, que por tantos anos foi minha editora na revista *Vida Simples*. Com sua sensibilidade fina, grande cultura e suavidade no trato, muito me ajudou a aprimorar minha leitura e minha escrita. Preciso dizer que você continua perto de meu pensar e sentir.

...à minha mulher Luciana, que com seu companheirismo irrestrito, seu incentivo permanente, sua beleza completa e seu amor incondicional, me ajuda a construir uma vida que vale a pena. Preciso dizer que os dez anos que já passamos juntos foram os mais felizes de minha vida.

SOBRE
O MUNDO INTERIOR

1 PRECISO DIZER O QUE SINTO

O mundo está sempre querendo saber o que eu penso, mas eu quero mesmo é dizer o que sinto.

– Como você se sente com tudo isso que está acontecendo em sua vida?

A psicóloga colocou o bloco de anotações no colo, endireitou-se na cadeira, ajeitou os óculos e, lançando-me um olhar profundo, disparou a pergunta com suavidade, mas com firmeza. Esta era sua primeira pergunta após minha fala de quase trinta minutos, em que eu lhe fiz uma síntese de meus problemas.

Eu me encontrava em seu consultório porque precisava de um interlocutor que me ajudasse a entender aquele momento difícil. Estava atravessando um daqueles períodos em que nos sentimos meio fora do controle da vida, e começamos a ter medo

do futuro. A crise em que eu me encontrava não era daquelas que se resolvem com uma pequena mudança de atitude. Era do tipo que exige um reposicionamento estratégico, uma revisão dos valores, uma mudança radical.

O sintoma principal era uma infelicidade constante. Uma infelicidade do tipo que agride, machuca e, o pior, que parece não ter fim. Eu sabia que a infelicidade não é uma doença, mas um sintoma. Uma consequência, não uma causa. Precisava de um diagnóstico, apesar de conhecer os ingredientes do prato amargo que me embrulhava o estômago. Um diagnóstico profissional, competente, assertivo. Por isso estava lá, sentado no consultório de uma psicóloga comportamental, daquelas que praticam a psicologia cognitiva, que usa o pensamento para provocar mudanças de comportamento no paciente. No entanto, sua primeira pergunta não foi sobre pensamento, foi sobre sentimento, e eu demorei a entender a diferença.

– Bem, eu penso que...

– Desculpe! Eu não perguntei o que você pensa, e sim o que você sente a respeito do acontecido – cortou a psicóloga, tirando, por um instante, o chão de debaixo de minha cadeira.

– O que eu sinto? Acho que sinto...

– Vou insistir. Não ache, não pense, não racionalize. Deixe o sentimento fluir. Precisamos conhecer seu mundo emocional, pois são seus sentimentos os maiores motores de suas atitudes, e não os pensamentos. Estes são importantes, organizam, definem

os passos que você tem que dar, mas a verdadeira casa de máquinas de sua vida são suas emoções. Eu sei que você está infeliz, mas nós precisamos categorizar essa infelicidade.

– Categorizar a infelicidade? – perguntei, surpreso. Para mim, ou havia infelicidade ou havia alegria, no máximo graus de intensidade, não sabia que era possível criar categorias.

– Sim – explicou a psicóloga –, quais os elementos que compõem este momento infeliz. Como você sabe que está infeliz? Você sente raiva, culpa, medo, desconforto, vergonha? Você tem vontade de gritar ou de se calar? Qual sua reação quando se olha no espelho pela manhã?

O que ela dizia começava a fazer sentido. Afinal eu não estava em seu consultório por outro motivo que não alguns sentimentos desagradáveis, como inferioridade, raiva de mim mesmo e medo do futuro.

De pouco adiantaria teorizar sobre o comportamento dos outros e sobre o que poderia ter sido feito de modo diferente se eu não mergulhasse de cabeça nos sentimentos que me levaram até ali. Eu precisava me livrar deles, e só poderia fazer isso enfrentando-os.

Como é difícil falar sobre o que se sente. É muito mais fácil explicar o que se pensa.

Mas eu precisava avançar, e a psicóloga parecia firme em sua técnica de explorar meu emocional. Comecei, lentamente, a perceber que o que eu mais sentia, naquilo que eu chamava de infelicidade, era uma sensação de impotência, de não conseguir

reagir aos motivos da infelicidade. Era essa paralisação que me incomodava, me preocupava e me infelicitava. Estava precisando de um novo motor, ou de um empurrão para dar a partida e recarregar a bateria. Era o que ela estava tentando fazer.

– Bem... – comecei, titubeante. – Eu sinto que... Sinto uma espécie de aperto no peito, um soluço da alma. Quando me olho no espelho sinto raiva de mim porque me culpo pelo acontecido. Eu não devia ter acreditado cegamente nas pessoas que me decepcionaram, nem devia ter dedicado tanto tempo a um trabalho que não me satisfazia, devia ter sido mais organizado, mais previdente, mais cuidadoso. Eu me olho no espelho e não sinto pena, sinto vontade de me dar um chacoalhão para acordar e para limpar meu corpo e minha alma das mágoas e das preocupações, como faz um cachorro depois do banho para livrar seus pelos do excesso da água que pesa em seu corpo. Eu me olho no espelho e vejo uma imagem que não é minha. Pareço um desenho que o desenhista abandonou, começou a apagar com uma borracha, mas que acabou desistindo de apagar no meio do trabalho, e ficou apenas um borrão amorfo, resultado de um abandono duplo, de uma decepção profunda. É isso que sinto quando olho no espelho. Vejo uma espécie de inimigo e ele me causa mais raiva do que medo. Mais repulsa do que compaixão. Mais rancor do que compreensão. É isso que eu sinto, doutora. Sinto que estou infeliz comigo, e não com a vida. Sinto que eu preciso ser julgado por mim mesmo, e preciso cumprir a pena, que eu gostaria que fosse

trabalho e não prisão. Aliás, sinto que estou na prisão agora, pois não estou agindo para mudar o que estou fazendo.

A psicóloga havia se recostado na poltrona e me olhava com atenção, deixando transparecer uma leve surpresa diante da minha retórica desenfreada. Lentamente ela se recompôs, assumiu de novo a posição firme, com as costas retas, deu um suspiro e finalmente falou.

– Agora estamos no caminho certo. Você abriu seu coração, se permitiu sentir-se de verdade, derramou suas emoções, desbloqueou sua comunicação. A partir de agora podemos falar sobre o que você pensa.

Eu me considero uma pessoa racional. Fui educado para pensar e ser lógico. Aliás, todos fomos, pois o modelo educacional que nos formou é um dos legados do Iluminismo, que foi, sem dúvida, um dos mais importantes períodos da evolução do pensamento humano, mas que teve, como efeito colateral, o aprisionamento das emoções e da criatividade.

Não era esse o propósito dos iluministas, naqueles fabulosos anos do início do século XVIII, em que o mundo se encontrava em ebulição, aquecido pelo fogo da independência dos Estados Unidos e da Revolução Francesa. O que se desejava era valorizar a razão como contraponto ao misticismo, e não à emoção.

Immanuel Kant, por exemplo, em seu *Crítica da razão prática*, de 1788, criou a expressão Imperativo Categórico, que queria

dizer o seguinte: se a ação que você pretende realizar pode se transformar em uma lei universal, então vá em frente.

Agora, se sua ação está obedecendo apenas a um desejo seu e você não considerou os efeitos sobre os sentimentos de outros e sobre a própria natureza, então você está agindo de acordo com o Imperativo Hipotético, e deve pensar melhor antes de agir.

Essa pequena e, ao mesmo tempo, grande observação, exerceu decisiva influência na filosofia a partir de então. Kant retirou a ética do campo divino, dogmático, e a colocou na perspectiva racional, autônoma, humana. Como vemos, nem Kant, o racionalista puro, desconsiderou o sentimento humano.

Contemporâneo de Kant, o escritor inglês Horace Walpole, que criou a expressão *serendipty*, referindo-se às descobertas incidentais e fazendo referência ao conto persa "Os três príncipes de Serendip", também era racionalista, talvez por influência de sua formação em matemática. É dele a expressão: "A vida é uma comédia para os que pensam e uma tragédia para os que sentem". Como homem inteligente que era, Walpole queria se referir às decisões, que devem, sim, ser racionais. Qualquer decisão é consequência de um processo em que o maior número de variáveis envolvidas deve ser considerado. Como o emocional costuma avaliar os fatos a partir da perspectiva de prazo menor do que o racional, é prudente deixar para o racional a tarefa de decidir.

Entretanto, os sentimentos devem ser consultados, pois a decisão mais acertada é aquela que evitará qualquer sofrimento e resultará na maior felicidade que as circunstâncias envolvidas possam permitir. O que a razão sabe fazer é jogar com a perspectiva do tempo. Às vezes temos de protelar o prazer e aceitar o desprazer imediato que as decisões mais duras nos impõem.

Nesse sentido, Walpole está coberto de razão. Será uma tragédia a vida de quem decidir a partir dos sentimentos, desconsiderando o pensamento e a vida racional, esquecendo que esta trabalha em defesa do bem-estar.

Com certeza também será uma tragédia a vida de quem se esquecer que a vida virtuosa, como dizia Aristóteles, é aquela que busca o bem em sua maior proporção, que é a felicidade. A inteligência humana está à disposição disso.

No filme *Sociedade dos poetas mortos* há uma cena exemplar a respeito dessa visão filosófica. Na Welton Academy, o professor de literatura interpretado pelo ator Robin Williams pergunta aos alunos: "Vocês sabem por que o homem faz ciência, medicina, química, engenharia? Para viver mais. E para que viver mais? Para ter mais tempo para usufruir da arte, da poesia, do amor".

Uma visão lógica da filosofia do bem viver.

Como somos educados para pensar, passamos a ter vergonha de admitir nossos sentimentos para os demais e, com o tempo,

para nós mesmos. Na infância somos desestimulados a expressar nossas emoções. "Engula o choro", diz a mãe para o filho que caiu da bicicleta. E se ela dissesse: "Filho, pode chorar, pode colocar para fora sua frustração e, depois que você chorar tudo o que quiser, vamos subir mais uma vez na bicicleta e tentar de novo, certo?"

"Não vá atrás do namorado, tenha orgulho", diz a mãe à adolescente que aguarda pelo telefonema do primeiro amor. E se ela dissesse: "O que vocês combinaram? Por que você não liga e sente como ele a recebe?". Desde cedo somos moldados a não expressar o que sentimos, a fazer de conta que somos fortes, felizes, que sabemos o que dizer.

Aprendemos que as respostas corretas devem ser dadas com base no racional, no senso comum, na matemática decorada, no exercício da tabuada, no qual nada muda, e dois vezes dois serão eternamente quatro. Enquanto isso desenvolvemos nossa habilidade de fingir.

Fingimos que crescemos, que amadurecemos, que trabalhamos com alegria, que o casamento vai bem. Cada um coloca sua máscara de ser racional, e como diria Fernando Pessoa: "Finge tão completamente/ Que chega a fingir que é dor/ A dor que deveras sente". Até que o que sentimos não possa mais ser sufocado dentro do peito e exploda em doenças físicas ou depressão. Nesse momento da vida começa outro aprendizado. Demoramos a aprender a dizer o que realmente sentimos de maneira natural.

Reconhecer o que sentimos nos ajuda a entrar em contato com o mundo interior e passamos a usar o sentimento para colaborar com o pensamento.

Será que ser racional significa que a razão deve escravizar a emoção, e o pensamento, acorrentar o sentimento? Não, não se trata de uma disputa entre a razão e a emoção e sim entre a razão e a não razão.

Machado de Assis inaugurou o gênero Realismo Psicológico. Em 1881 publicou *Memórias póstumas de Brás Cubas.* O personagem central é um homem comum que estudou direito em Coimbra, em Portugal, teve um cargo público, tentou ser ministro sem sucesso, investiu tempo e dinheiro na criação de um emplasto que não deu certo, nunca se casou, não teve filhos e morreu angustiado. Brás Cubas tinha um amigo chamado Quincas Borba, uma namorada chamada Eugênia e uma amante chamada Virgília, morreu aos 64 anos e só entendeu a vida depois da morte.

O foco desse romance não é a vida da sociedade, a descrição da cidade, das paisagens ou das pessoas. Não interessa quem são os personagens e sim a forma como sentem e como se relacionam com suas circunstâncias. O foco de Machado, nesse livro, é o interior das pessoas, seus dilemas existenciais, suas contradições emocionais. Não interessa o fato mundano, mas sim a vida interior, a alma humana.

A marca registrada desse enredo é que ele é contado por um defunto. Brás Cubas dedica a obra ao primeiro verme que comeu sua carne. Em um dos capítulos o defunto autor (e não autor defunto, esclarece) cria dois personagens antagônicos que, segundo ele, costumam nos transformar em suas moradas: a Razão e a Sandice. Só depois de morto Cubas consegue dar força à Razão para que esta expulse a Sandice de casa. Disse a Razão à Sandice, quando esta lhe pede apenas um espaço no sótão da casa (um cantinho em nossa consciência):

> – Estou cansada de lhe ceder sótãos, cansada e experimentada. O que você quer é passar mansamente do sótão à sala de jantar, daí à de visitas e ao resto.
>
> – Está bem, mas deixe-me ficar um tempo mais, estou na pista de um mistério...
>
> – Que mistério?
>
> – O da vida e da morte. Peço-lhe só uns dez minutinhos.
>
> A Razão pôs-se a rir.
>
> — Hás de ser sempre a mesma cousa... sempre a mesma cousa... sempre a mesma cousa...
>
> E dizendo isto, travou-lhe dos pulsos e arrastou-a para fora; depois entrou e fechou-se. A Sandice ainda gemeu algumas súplicas, grunhiu algumas zangas; mas desenganou-se depressa, deitou a língua de fora, em ar de surriada, e foi andando...

Machado acerta em cheio. Assim como o oposto da alegria é a tristeza e não a seriedade, o oposto da razão é a sandice, e não o sentimento.

– Agora estamos no caminho certo. Você abriu seu coração, se permitiu sentir-se de verdade, derramou suas emoções, desbloqueou sua comunicação. A partir de agora podemos falar sobre o que você pensa – esclareceu a psicóloga. – Então pense – ela continuou. – Pense nos valores reais, na amizade, na verdade, na justiça. Pense no trabalho porque ele dá dignidade e alegria, além do sustento. Pense na felicidade construída pela razão a pedido da emoção. Pense na finitude da vida e na infinitude da existência. Pense nos sentimentos daqueles que você ama, e que amam você. Pense no amor. E sinta o que isso significa... Olhe-se no espelho. Veja se a imagem agora tem contornos definidos. Ela tem as formas e as cores que você deseja para sua vida? Ou o que você identifica não passa de um borrão, aquele desenho abandonado pelo artista? Acenda a luz, abra a janela, traga o dia para perto desse espelho. E permita-se dizer, a si mesmo, o que realmente deseja. Nunca mais pare de dizer para si o que você sente, caso contrário jamais vai se conhecer verdadeiramente. E corre o risco de viver uma vida pelos sentimentos dos outros.

2 SOU MAIS FORTE DO QUE PAREÇO

Há muitas fontes de energia. O ser humano tem um tipo especial, só seu, que lhe dá força para realizar, trabalhar, fazer ciência, produzir arte, superar adversidades, construir história.

Na metade da década de 1990 eu passei por um período de sofrimento. Estava em crise profissional, financeira e afetiva. Cada novo dia parecia um fardo cada vez mais pesado de carregar. Nessas horas, gosto de ler. Entre as várias leituras a que recorri, estava o livro *Poder sem limites*, do norte-americano Antony Robbins, uma espécie de guru do sucesso. Apesar de ser superficial a maior parte do tempo, o livro trazia a seguinte reflexão:

Há pessoas que, diante das adversidades, crescem e aproveitam para se transformar em pessoas melhores. E há outras que simplesmente se deixam destruir. O que determina a diferença entre esses dois tipos de pessoas sempre me intrigou.

Confesso que essa reflexão mexeu comigo. Em parte por curiosidade científica, em parte porque eu não queria, é claro, me deixar destruir por aquele momento difícil. Seria possível transformar uma fase ruim, um período de desesperança em energia para avançar? Seria a derrota apenas uma ilusão, um rito de passagem para a vitória pessoal, maior e mais duradoura? Como realizar essa metamorfose kafkiana invertida, fazendo surgir um novo homem a partir de um ser amorfo e repugnante? Seria eu capaz?

Eram apenas perguntas, mas desde Sócrates sabemos que as perguntas são mais importantes que as respostas, porque geram busca, movimento, ação. A resposta interrompe, paralisa. E, provavelmente, foram essas perguntas que me motivaram a buscar a mim mesmo, ou melhor, a querer encontrar o homem que cresce na adversidade, que se agiganta na crise porque lança mão da força interior para confrontar a influência exterior. E foi o que aconteceu.

Sim, eu encontrei a força necessária e suficiente para virar um jogo que parecia perdido. Mas isso não é uma prerrogativa apenas minha. Todos somos usinas de energia vital, essa força que se torna trabalho, que se transforma em ação, que provoca

mudança. O mérito está em mobilizar essa energia, pois também temos represas emocionais que, até certo ponto, impedem sua utilização. Diante das dificuldades, podemos ficar paralisados, perplexos, pasmos com a injustiça de a vida não ser exatamente como gostaríamos. E corremos o risco de nos acomodar na esperança de que a solução venha de fora, quem sabe pelas mãos de um super-herói ou de um anjo salvador.

Nada disso! A solução tem de vir de dentro. Nietzsche já chamava de *Übermensch* (homem-superior) aquele que conseguia vencer seus inimigos internos, sugerindo que nós só podemos ser derrotados por nós mesmos. É claro que tudo o que nos acontece tem um componente externo mas também um interno: o próprio eu – que é mais forte do que imaginamos, apesar de nem sempre acreditarmos nisso. Assumir a responsabilidade é o melhor sinal de maturidade e o primeiro passo para a liberação da força interior.

Quando penso em "forças" lembro com saudades do Carneiro, o melhor professor que tive no curso pré-vestibular. Ele lecionava Mecânica, a parte da Física que se encarrega de estudar a dinâmica dos corpos. "Para produzir ou para alterar o movimento de um corpo é necessária aplicação de uma força", dizia ele. "Portanto, força é um agente capaz de modificar o estado de um objeto físico."

E eu ficava pensando qual seria o equivalente humano para essa força modificadora. Se há tantos tipos de energia, o ser

humano deveria ter uma especial, só sua, que lhe dá força para realizar, trabalhar, fazer ciência, produzir arte, superar adversidades, construir história. Não é possível que sejamos apenas depósitos de combustível orgânico obtido pelo alimento, capaz de ser oxidado para poder levantar uma pedra. Eu não podia aceitar que eu fosse apenas um entreposto energético como um rio em movimento ou uma mina de carvão.

A Física, com todo seu esplendor lógico, é insuficiente para explicar o espetacular conjunto de intrincados processos que permite a um homem superar qualquer outra força da natureza, e que não pode ser simplesmente represado ou ensacado como um combustível fóssil ou renovável. Demorei a entender esse mistério, e não foi nos compêndios de Física que encontrei algumas respostas, mas sim nos saberes da Psicologia, na literatura e na própria vida.

Estou escrevendo este texto na semana em que o mundo reverencia os setenta anos da morte de Sigmund Freud. Sua importância é imensa para o entendimento da alma humana, e isso se deve a seu trabalho pessoal e também ao trabalho de seus seguidores, que foram muitos durante sua vida, e hoje são milhares, ampliando suas ideias, ajudando a raça humana a se compreender.

Entre seus discípulos diretos esteve Erik Erikson, um jovem artista plástico alemão que se encantou pela psicanálise, mudou de área, trabalhou ao lado de Ana, a filha de Freud, e acabou

migrando para os Estados Unidos, onde se fixou na Universidade de Harvard como professor e pesquisador. Seu centro de interesse era o ego e sua influência nas relações interpessoais.

A Erikson devemos a expressão Força do Ego, que nos ajuda a entender questões do comportamento humano. Segundo suas observações, nós estamos programados para desenvolver algumas virtudes, que seriam estados de orientação para o bem e para a evolução. São elas: a esperança, a vontade, o propósito, a competência, a fidelidade, o amor, o cuidado e a sabedoria. Ao conjunto dessas virtudes podemos chamar de força interior, pois quem é dotado dessas qualidades terá todas as condições para reagir às adversidades e atingir os objetivos desejados.

Entretanto, Erikson explica que o desenvolvimento dessa integridade psicológica depende de um esquema de fases psicossociais, cada uma com suas propriedades. Em cada um dos períodos de formação da criança, do jovem e também do adulto, o homem desenvolve virtudes emocionais que lhe permitirão enfrentar a vida. Como essas fases são psicológicas e também sociais, o meio ambiente, as relações com a família e com os amigos serão determinantes na formação desse conjunto de virtudes.

Para desenvolver essas virtudes é necessário que se encontrem propósitos para a vida, ampliar conhecimentos, treinar a disciplina e conseguir criar relações humanas construtivas. Trata-se de um investimento, um trabalho que não tem fim. São mecanismos de liberação da força vital que precisam ser criados,

pois nascemos com ela, mas precisamos aprender a lidar com o que ela pode fazer.

Cada pessoa é um Adam que pode se tornar He-Man invocando seu poder, mas isso deve ser feito com convicção. O personagem de desenho animado que animou as crianças das décadas de 1980 e de 1990 não levantava a espada e anunciava "Pelos poderes de Grayskull... eu tenho a força!", a não ser que fosse necessário. Era o perigo que liberava a energia que transformava o fracote no fortão, o medroso no herói.

Na sociedade atual, podemos dizer que praticamente não corremos perigos físicos, como acontecia em Eternia, o planeta onde viviam He-Man e She-Ra. Em compensação corremos perigos emocionais ainda maiores, pois todos os dias somos assombrados pela possibilidade de fracasso, pelas perdas afetivas, pelos problemas profissionais e financeiros, pelas dúvidas existenciais. E todos os dias temos a chance e a necessidade de acionar nossa força, ainda que, às vezes, algumas pessoas não o façam.

No mesmo ano em que me preparava para o vestibular assisti ao filme *Dr. Jivago*, baseado no romance homônimo de Boris Pasternak, que conta a história de pessoas comuns atingidas pela revolução russa, provavelmente um dos períodos mais turbulentos da humanidade. Lembro-me de ter achado difícil acreditar que tudo aquilo pudesse ser verdade. Aquele sofrimento em cascata, uma desgraça atrás da outra. O jovem

médico Yuri preso, afastado da família, sequestrado pelos bolcheviques para lhes prestar serviço, e, ainda por cima, a dúvida entre o amor por sua mulher e a paixão por Lara.

Toda essa trama épica, devidamente embalada pela música "Tema de Lara" – em uma das melhores trilhas sonoras já produzidas, de autoria de Maurice Jarre –, deixou em mim uma tatuagem emocional que dura até hoje. Aliás, descobri que podemos aprender muito sobre a alma humana com a literatura, principalmente com os clássicos russos. Eles relatam como ninguém a guerra, a injustiça, o inverno, a fome, a dor. E deixam claro que nada pode contra a força do humano.

O destino nos obriga. Ele não pergunta se estamos dispostos: simplesmente apronta das suas. Eu estava em Florianópolis na grande enchente de 1983 e presenciei cenas explícitas de grandeza humana. No final das contas, aquela situação era um embate entre a força dos elementos da natureza e a força da alma das pessoas. Foi quando eu conheci José Carlos, um jovem pai que, ao chegar em casa naquele dia, ela – a casa – não estava mais lá. Havia sido levada pela enxurrada, que por pouco não levara junto sua mulher e seus dois filhos pequenos. Por sorte, eles tiveram tempo de sair. Quando lhe perguntei "E agora?", ele me olhou com gravidade, suspirou e disse "Agora é começar tudo de novo". E ele recomeçou, persistiu e reconquistou sua casa, aliás, melhor que anterior.

A História está repleta de casos semelhantes, seja com personagens ilustres ou desconhecidos. Figuras como Carlos II, que era, aos 35 anos, o rei da Inglaterra quando Londres se incendiou, em 1665. Mais de 13 mil casas e quase todas as igrejas londrinas, feitas de madeira, foram carbonizadas. O jovem rei ordenou: "Vamos reconstruir Londres, e, agora, de pedra". Foi o suficiente para que as pessoas se mobilizassem e hoje podemos visitar a imponente catedral de St. Paul, que não seria como é se não tivesse sido queimada e reconstruída. Nobres da Europa ou manezinhos da ilha, todos possuímos essa energia vital que nos impulsiona para a frente e nos faz nos superar.

Sim, a necessidade obriga. "Sapo não pula por boniteza, mas porém por precisão", diz o provérbio que o entendido da alma humana, Guimarães Rosa, usou na epígrafe de seu famoso conto *A hora e a vez de Augusto Matraga.* A força interior existe, mas é virtual. Não pode ser percebida a não ser quando é solicitada de verdade. E isso pode acontecer por dois motivos: por exigência do destino ou por ingerência da vontade. Ou por ambos. "Ferramenta tens, não procures em vão", escreveu Fernando Pessoa em um de seus belos poemas que nos colocam em contato conosco mesmos. "Tenha o coração sensível e use a força da mente", termina seu verso. Sim, temos a ferramenta em nós, só precisamos usá-la.

3 MINHAS CRISES COTIDIANAS

Para aprender a lidar com as crises temos de perceber que nada na vida é definitivo e que o tempo será o recurso mais útil para acalmar o espírito, apagar as mágoas e limpar o arquivo do sofrimento.

É verdade, neste exato momento está havendo alguma crise no mundo. Mas o que eu tenho com isso? Será que uma pessoa comum como eu, que não tem nenhum poder sobre a economia (nem a brasileira, quanto mais a mundial), que não pode influenciar as grandes decisões políticas, que não pode fazer nada para mudar o que está acontecendo, tem alguma coisa a ver com a crise?

Para responder essa pergunta vamos fazer uma rápida revisão do conceito de crise. Comecemos pela etimologia: a palavra

deriva do grego *krisis*, que significa decisão. Só de saber a origem da palavra percebemos que ela tem a ver com todos, pois não há quem não tenha que tomar decisões na vida, a não ser os que não querem mandar em seu próprio destino. Além disso, temos de entender que uma crise pode surgir por, pelo menos, três motivos diferentes: uma situação inesperada, um fato provocado ou uma condição natural.

CRISES INESPERADAS: Situações inesperadas podem acontecer, claro, ainda que muitas delas possam ser evitadas com um pequeno exercício de previsão, mas isso é outra história. Muitas vezes, uma crise se instala em nossa vida de repente, provocada por forças que não podemos controlar. Atire a primeira pedra quem nunca viveu uma crise financeira, profissional, emocional, ou mesmo de saúde. E levante a mão aquele que não se revoltou com a crise enquanto a vivia, e que não sentiu que ficou melhor depois que ela passou. A crise exige tudo de nós, libera as forças que estavam adormecidas e nos aprimora imensamente. Uma crise pode tornar a pessoa melhor, acredite. Aliás, saiba que você não será julgado pelas crises que teve – pois elas são inesperadas –, e sim por como você reagiu a elas.

Quando eu estava entrando na adolescência, aquela idade cheia de dúvidas e chatices, meu pai faliu. Aquele mundo seguro, organizado e alegre que eu conhecia ruiu de um dia para o outro, sem que eu tivesse o mínimo preparo para enfrentar as

mudanças que viriam – que não foram poucas. Para mim, essa crise familiar foi totalmente inesperada, claro, pois eu não tinha idade para entender os acontecimentos que precederam o desastre. Confesso que não foi fácil, principalmente por conviver com o sofrimento de meus pais e por não apresentar nenhuma condição de colaborar, a não ser com minha própria passividade. Se eu pudesse mudar minha história, começaria por apagar aqueles dias de apreensão, dúvida e angústia familiar. Como isso não é possível, o que me restou foi mudar a história dentro de mim – sua dimensão e significado – para alterar seus efeitos, que é o que interessa no final. Isso, sim, é possível, e acredito que já fiz minha lição de casa sobre esses acontecimentos. Há muito tempo.

CRISES INTENCIONAIS: Exatamente porque a crise transforma as pessoas para melhor, muitas vezes ela é intencional. Essa é uma abordagem que cabe melhor na administração de empresas. Pode parecer estranho, mas, nas organizações, em muitas situações são instaladas crises que parecem desnecessárias, mas que têm um forte componente estratégico. Os períodos de progresso, com uma equipe vencedora trazendo ótimos resultados, não parecem ter relação com uma crise, mas, muitas vezes, são a consequência de uma. Quando os resultados desejados ameaçam não se manter, estagnam e começam a se repetir, e a curva no gráfico assume o comportamento de platô, é o momento de se instalar

uma crise artificial, porque os administradores percebem que há uma crise natural no horizonte.

Nas empresas, por incrível que pareça, os líderes são verdadeiros criadores de crises, no bom sentido. Eles têm o poder – e o dever – de tirar as pessoas da zona de conforto, exigir proatividade, criatividade, inovação, resultados melhores. Crise é exatamente isso, uma situação em que as pessoas se sentem desconfortáveis, então reagem, tornam-se mais ativas, atentas, preocupadas com dar o melhor de si. Além disso, uma crise tem outra virtude: a de separar o joio do trigo. Sim, pois, na crise, aqueles que não são comprometidos são os primeiros a abandonar o barco. Isso é ótimo, pois quem não ajuda, atrapalha.

CRISES NATURAIS: Sim, há crises naturais de nossa vida, pois elas marcam nossas fases evolutivas. Nossos ciclos são abertos pela passagem da idade, pelas novas atividades ou pelas relações humanas. Passar da infância para a adolescência ou desta para a maturidade, sair do colégio e entrar na faculdade, trocar de emprego, se casar, ter um filho, todos esses momentos são momentos de ruptura, de decisões importantes, de crises, enfim. E haja fôlego para enfrentá-los. Entretanto, se por um lado não temos como fugir dessas crises da própria existência, por outro aprendemos com elas e por isso amadurecemos e evoluímos. Na evolução natural da vida, uma crise é um momento ou

uma fase difícil, em que fatos, ideias, *status* ou situações são questionados e levados a mudar. Crises são, portanto, naturais.

Lembro-me de uma lição da natureza. Certa vez, em Belém, no Pará, tive a oportunidade de visitar o maior borboletário do mundo (orgulho dos paraenses), no Mangal das Garças. Para entrar nele é necessário não ter medo de insetos, mas isso não é difícil, pois as borboletas nem parecem ser da mesma classe das moscas e dos besouros; mais lembram delicados pássaros ou, quem sabe, pinceladas de tinta no próprio ar, obra de um artista mágico, criador de um quadro impressionista tridimensional. Um Renoir brincando de ser Deus.

Cada borboleta vive cerca de um mês, então é necessária reposição permanente. E de onde vêm os bichinhos? Bem, há lá uma espécie de berçário, um laboratório que alimenta as fases intermediárias da borboleta, pois ela vive mais tempo em outras formas, antes de virar essa maravilha que voa. O biólogo responsável me explicou direitinho: "Do ovo nasce a lagarta, que se alimenta o quanto pode, então ela vira crisálida e fica dentro de um casulo para finalmente virar borboleta por meio de um processo delicado de transformação". "Crisálida?", perguntei, curioso. "Sim, é o nome dessa fase de grandes transformações. É quando, de fato, a feia lagarta vira a bela borboleta. Recebeu esse nome porque é quando o animalzinho vive uma crise de mutações".

Uau! Eu precisei de uma borboleta e de um biólogo para finalmente entender o verdadeiro significado de uma crise. E mais: para perceber que a crise é parte de um processo natural de evolução, sem a qual ficamos estáticos, presos a uma condição não mutante, cristalizada na mediocridade. No fim, a crise é o que nos salva porque nos desafia, estimula, ensina e, finalmente, nos transforma. Grande borboleta!

Não há respostas prontas para entendermos por que as pessoas reagem de modo diferente diante das crises da vida, mas há algumas pistas.

A primeira é oferecida pela biologia, que nos explica que as emoções, os sentimentos e os movimentos que derivam deles, são mediados por substâncias químicas, os neurotransmissores, que têm o poder de provocar reações de diferentes tipos. Como não há duas pessoas iguais com relação à composição fina dos neurotransmissores, também não teremos reações idênticas a situações de perigo, de dificuldade ou de medo. Irmãos gêmeos poderão apresentar posturas opostas diante de uma situação inesperada, por exemplo. Quando participei das operações de ajuda a famílias atingidas pelas enchentes de 1983 em Santa Catarina, tive a oportunidade de verificar isso. Enquanto alguém chorava e se desesperava, outra pessoa, do mesmo núcleo familiar, mantinha a calma, buscava soluções e, principalmente, fazia alguma coisa. Sim, as pessoas são diferentes.

A segunda explicação vem da Psicologia, que busca entender a relação entre os efeitos e suas causas. Quando uma grande perda – a separação dos pais, por exemplo – não recebe o devido tratamento e não é elaborada convenientemente, pode transformar-se em um trauma. Traumas são minas terrestres na estrada da vida, e a qualquer momento podemos pisar em uma delas. É por isso que as crianças devem aprender a conviver com algumas frustrações, pois, se suas vontades forem atendidas permanentemente, encontrarão alguma dificuldade para lidar com as frustrações futuras, que são inevitáveis em uma vida normal.

A terceira possibilidade de entendimento é oferecida pela pedagogia, que nos dá uma pista espetacular: podemos aprender a lidar com as crises. Sim, podemos aprender e podemos ensinar aos outros, pois há uma lógica no surgimento e na solução de uma crise, uma vez que ela nada mais é do que a resposta que o destino dá ao desenho arquitetônico de uma vida.

Para aprender a lidar com as crises temos de perceber que nada na vida é definitivo, e que o tempo será o recurso mais útil para acalmar o espírito, apagar as mágoas e limpar o arquivo do sofrimento. E, igualmente importante, deixar a razão predominar. Assim, podemos analisar o cenário, o que nos permite entender por que a crise se instalou e, mais importante, quais as saídas possíveis. Sim, *saídas*, no plural, pois em geral há várias, e nossa grande preocupação é optar pela melhor. E, claro, partir para a ação, não ficar paralisado pelo medo, bloqueado pela

indignação ou pasmo pelo inesperado. Nesse momento, coração tranquilo, mente calma e espinha reta. O melhor das crises é o que elas nos ensinam.

Há uma bela parábola budista que conta que uma jovem procurou Buda, pois estava em desespero por causa de uma grande crise que enfrentava. O homem santo pediu-lhe, então, que voltasse à sua aldeia e pedisse um grão de arroz a cada pessoa que lhe dissesse que nunca havia enfrentado uma crise pessoal.

Ela fez isso, mas voltou a Buda com as mãos vazias, pois não encontrara uma pessoa sequer que admitisse que não tivera crises em sua vida. Buda então lhe deu uma segunda missão: entregou-lhe um punhado de grãos de arroz e pediu que ela presenteasse com um grão cada pessoa que lhe contasse como a crise fortaleceu seu espírito.

Mais uma vez ela voltou ao mestre com as mãos vazias, mas com a mente cheia de ideias e o coração cheio de esperança.

4 ÀS VEZES ME SINTO INFERIOR

Somente a maturidade emocional nos dá condições de criar expectativas saudáveis a nosso respeito e de lidar adequadamente com as expectativas dos outros.

Realmente, ninguém consideraria Paul um garoto atraente. Era gordo, desajeitado, tinha dentes tortos e um permanente semblante de quem não tem a menor ideia do que está fazendo neste mundo. Por tudo isso e por sua condição social, o jovem Paul não tinha motivos para achar que um dia teria sucesso na vida. Filho de um motorista e de uma caixa de supermercado na cidade provinciana de Bristol, na Inglaterra, dedicou-se a trabalhos comuns, como estoquista e vendedor de celulares.

Na escola, a crueldade dos adolescentes com os colegas menos abençoados pela natureza jogou a última pá de cal sobre a

autoestima do garoto, que se esforçava para conviver com o constante sentimento de inferioridade. Mas, foi na solidão de sua "inferioridade", que Paul encontrou uma companhia: o canto. Ele cantava desde pequeno, geralmente quando estava só, e eram esses seus momentos preferidos. E era apenas isso que ele achava que seria por toda a vida, um cantor de chuveiro.

Por sorte o destino tem lá seus caprichos, e às vezes gosta de dar um empurrãozinho em quem está com medo de saltar na piscina da vida. Em 2000 Paul ganhou um pequeno prêmio em um concurso de perguntas e respostas, juntou a esse dinheiro algumas economias e cometeu uma ousadia inesperada: cruzou o Canal da Mancha em direção à Itália, com a intenção de assistir a uma apresentação de Pavarotti e estudar a língua do ídolo. Foi então que Paul começou a pensar que poderia sonhar em ser um cantor de ópera. Mas como? Como enfrentar as dificuldades de uma carreira tão difícil e, pior, como vencer seu próprio sentimento de rejeição?

Como "desgraça pouca é bobagem", logo depois Paul entrou em um período de problemas de saúde. Teve apendicite supurada, recebeu o diagnóstico de um tumor na glândula suprarrenal – felizmente resolvidos cirurgicamente –, e ainda sofreu um acidente de moto em que quebrou a clavícula. Mas, passado esse período negro em sua vida escura, Paul, já com 37 anos, juntou forças insuspeitas, parou por um instante de olhar no espelho da inferioridade e cometeu mais uma ousadia. Inscreveu-se no

concurso Britain's Got Talents, uma espécie de "Ídolos" da TV inglesa. Foi nesse dia que o destino sorriu e disse "bingo!".

Como todos os concursos de calouros, este também é cruel. A maioria dos candidatos diverte o público, não por seu potencial artístico, mas pelo papel ridículo que estão dispostos a fazer em nome de um sonho que dificilmente será realizado. Os jurados sabem disso, e cumprem bem sua missão de parecer seres superiores dispostos a "dar uma chance" aos mortais. Quando Paul, vestindo um terno de 35 libras, foi anunciado aos jurados Simon Cowell, Amanda Holden e Piers Morgan, como cantor de ópera, estes ensaiaram até um ar de descrença e enfado diante daquele desajeitado pretendente a "divo".

O que eles não podiam imaginar é que estavam diante de uma virtuose. Só se deram conta disso depois que ele abriu a boca e começou a cantar, controlando seu pavor. O que se seguiu não pode ser explicado por palavras.

Eu sei, você deve estar pensando: "Claro que ele venceu, afinal ele tem um talento especial". Sim, concordo, ele tem, mas vamos combinar duas coisas. A primeira é que aqui estamos falando sobre o complexo de inferioridade que ele também tinha, e que quase impediu que seu talento fosse revelado. A segunda é que todos nós temos algum talento.

Quem criou a expressão "complexo de inferioridade" foi o psicólogo austríaco Alfred Adler que, durante algum tempo

trabalhou com Freud, mas, como aconteceu com vários seguidores do criador da psicanálise, incluindo Carl Jung, acabou por se afastar do mestre em função de algumas de suas opiniões radicais. Adler criou uma linha terapêutica própria, chamada "psicologia do desenvolvimento individual". Sua teoria é que as pessoas têm preocupação permanente em alcançar objetivos para obter afirmação social. O poder, a fama, a notoriedade e o reconhecimento público são os extremos dessa aceitação. O oposto é a inferioridade, a rejeição.

Trata-se de uma situação idealizada, uma imagem puramente mental, mas que tem reflexos na construção da personalidade e no comportamento humano. O mundo é cruel e tem a triste mania, especialmente no Ocidente, de dividir a pessoas em vencedoras e perdedoras, a depender da distância a que elas se encontram dos padrões artificiais de sucesso. E o insucesso social é interpretado por nosso inconsciente da mesma maneira como interpretamos a morte, o maior de nossos medos.

Adler teve, em sua infância, uma experiência que o marcou para sempre. Alguém lhe apontou um cemitério e o aterrorizou com a perspectiva da morte, que é assustadora porque é desconhecida. O menino então começou a construir um sentimento devastador de medo e, pior que isso, de inferioridade, porque ele se deu conta que seus coleguinhas de escola passavam ao lado daquele muro sem se importarem com a proximidade de um campo de mortos. Ele achava, então, que

só ele tinha medo e, portanto, devia ser inferior aos demais, pois tinha menos coragem.

A ironia dessa história é que somente aos 35 anos ele descobriu que, na verdade, atrás daquele muro nunca houvera um cemitério. Por isso seus colegas não temiam aquele lugar. Tinha sido uma mentira cruel.

A psicologia adleriana considera que nós podemos ter outras mortes, e não apenas a morte física. Podemos, por exemplo, sofrer, adoecer e até "morrer" emocionalmente. Sofremos especialmente quando não atendemos às expectativas daqueles que amamos ou respeitamos. E é aí que mora o perigo, pois, na maioria das vezes essa expectativa é idealizada por nós mesmos, e não por aqueles a quem a atribuímos.

Somente a maturidade emocional nos dá condições de criar expectativas saudáveis a nosso próprio respeito, e de lidar adequadamente com as expectativas dos outros. Quando nos defrontamos com expectativas superdimensionadas acabamos por provocar uma profecia autorrealizável, que termina por criar um círculo vicioso. Você acredita que não vai conseguir atingir determinado resultado porque não é suficientemente capaz. Por isso mesmo, não consegue, o que reforça sua opinião sobre seu valor. Ou desvalor.

Não é só a costa nordeste da Austrália que tem uma grande barreira. Nossa alma também pode ter. O complexo de inferioridade

pode ser uma barreira tão perigosa para a navegação dos sonhos, mas não tão bela como a formação de corais do oceano Índico.

O complexo de inferioridade pode se manifestar de algumas formas. Uma dela é a da anulação da personalidade. A pessoa fecha suas possibilidades na gaveta da inferioridade, joga a chave fora e passa o restante da vida culpando o mundo por sua infelicidade. A outra é o impulso de agressão, em que surge uma atitude hostil e desdenhosa do restante do mundo. Adler criou o conceito do "protesto masculino", que não é exclusividade dos homens, apenas recebeu esse nome porque o exercício do poder foi, historicamente, reservado a eles. O protesto masculino é uma luta interior para combater a dependência emocional, construir autonomia e obter a sonhada superioridade.

Trata-se, portanto, de uma energia positiva, que, se bem canalizada, leva a pessoa a transpor sua grande barreira. O único problema é que às vezes faltam objetivos claros e pensamento estruturado o suficiente para essa transposição. A luta pela superioridade pode provocar a construção de uma realidade alternativa, fantasias de heroísmo, atitudes agressivas, arrogância compensatória. Está na hora da terapia, acredite.

A quem está acometido pelo complexo de inferioridade eu recomendo, sim, terapia. Mas, correndo o risco de parecer superficial, eu me atrevo a perguntar: afinal, que critério você está usando? O que significa mesmo a palavra sucesso? Não seria, por acaso, aquele sentimento gostoso de viver em paz com sua

própria identidade, jogando na lata de lixo da contemporaneidade os estereótipos criados pela mediocridade emocional dos consumidores contumazes do *glamour* fictício das celebridades? Que tal rever sua escala de valores?

Paul Potts fez isso. Considerou que tinha um valor maior que sua simples figura. Colocou em xeque a opinião dos outros, inclusive da mídia, que insiste em relacionar sucesso artístico com beleza física. Já gravou CDs, apresentou-se para a rainha da Inglaterra e tem agenda cheia no cenário internacional do *bel canto*. Sim, o valor do belo é real, mas ele também é relativo. O belo só continua belo quando acompanhado do bom e do verdadeiro, diria Platão.

Aliás, Paul consagrou-se naquele programa de calouros cantando a ária *Nessun dorma*, de Giacomo Puccini, que começa dizendo: *Que ninguém durma/ nem você, princesa/ olhe as estrelas e trema de amor e de esperança*. E termina ordenando: *Parta, ó noite/ esvaneçam, estrelas/ ao amanhecer eu vencerei/Vencerei*!

Esta foi uma profecia autorrealizável que valeu a pena...

5 NÃO QUERO SER UMA CÓPIA

O que interessa mesmo é o que realmente somos, e não o que os outros querem que sejamos, colocando em nosso corpo marcas que às vezes grudam em nossa alma.

Estereotipia é uma técnica usada em gráficas para produzir cópias que são, então, chamadas de estereótipos. A palavra grega *stereos* passa a ideia de alguma coisa dura, capaz de deixar sua marca em uma superfície mole, como o tipo da gráfica sobre o papel. Essa técnica permitiu que se fizessem muitas cópias, não só de textos, mas também de obras de arte.

Hoje, qualquer pessoa pode ter em casa uma cópia da *Monalisa* ou de *Guernica*, por exemplo. O curioso é que, mesmo tendo visto muitas dessas cópias, quando você se depara com o original, a emoção é outra. Já vivi essa experiência várias vezes.

Por que isso acontece? Ora, porque a cópia não tem a personalidade que precisamos para nos emocionar. O autor não tocou nela, não deixou ali sua alma impressa junto com a tinta. Cópias são estéreis, não têm DNA, são produto, não são causa, são decoração, e não arte.

Pegando carona nesse conceito, as pessoas que parecem carregar uma característica forte que foi apenas recebida de outros, sem contestação, começaram a ser chamadas de cópias, clichês, filhotes, e o conjunto de características recebeu o nome de estereótipo. Assim ficou fácil qualificar as pessoas e seus grupos, afinal, são marcas duras sobre sua personalidade mole. Simples assim, esse conceito.

Ou seria preconceito? Afinal, todos sabem que as louras são burras, os gaúchos são machistas, os baianos são preguiçosos, os judeus são sovinas, os cabeleireiros são gays, as mulheres são ciumentas, os homens são infiéis, os favelados são perigosos e os políticos são corruptos.

Nada disso é uma verdade absoluta, mas vá convencer as pessoas que os estereótipos só existem para dificultar a comunicação e azedar as relações. Os estereótipos são assim, marcam as pessoas com um ferro em brasa imaginário e delimitam seu território.

Repare: sem querer, estamos esbarrando em situações definidas por estereótipos o tempo todo. Meu amigo Cláudio, por exemplo, um argentino gente finíssima, me explicou que só

demonstra alguma arrogância quando vem ao Brasil, porque as pessoas simplesmente esperam que ele seja assim. Também tem o Mário, meu amigo de Lisboa, engenheiro, professor, empresário, conhecedor de vinhos e arte ibérica, uma das pessoas mais inteligentes e antenadas que eu conheço. Impossível aplicar uma das famosas "piadas de português" a esse *gentleman* lisboeta.

Seguindo na mesma linha, poderia citar muitas outras pessoas com profissão, nacionalidade, características físicas, idade e religião que não apresentam nenhum dos traços preconcebidos pelo estereótipo que os acompanha simplesmente por ser quem são.

Afinal, de onde surgem os estereótipos? Eles são, necessariamente, ruins? Como fazer para evitar que os estereótipos se transformem em caricaturas que enquadram as pessoas e as condenam a viver um papel que não escolheram e que sequer aprovam? Como alguém pode manter a identidade e ser fiel às suas convicções e valores em uma sociedade que rotula as pessoas? Perguntas que incomodam, principalmente porque não têm respostas muito convincentes.

O médico francês Jacques Lacan, que passou da neurologia para a psiquiatria, e desta para a psicanálise, à qual acrescentou os saberes da linguística e da antropologia estrutural, apresentou conceitos que podem nos ajudar a entender um pouco o mistério dos estereótipos. Por exemplo: "Eu sou o que vejo refletido

sobre mim nos olhos dos outros". Ou ainda: "Com frequência, os símbolos são mais reais do que aquilo que simbolizam".

Pois é, parece que nós, humanos, fazemos a representação da realidade por meio da identidade com o grupo a que pertencemos. Realmente, não há como negar que o ser humano é um animal gregário, que depende do grupo para sobreviver física e emocionalmente. Quanto a isso, não resta dúvida. Como também não se pode discutir que os traços culturais servem para criar elementos de distinção grupal, e que eles conferem sensação de conforto e segurança.

Então está explicado porque criamos grupos e classificamos as pessoas, mas – sempre tem um mas – daí a aceitar que as pessoas sejam carimbadas e recebam atributos artificiais e se conformem com a situação, há uma imensa distância. Por isso eu gostei muito daquela propaganda na TV que propõe às pessoas uma reflexão, desafiando "Está na hora de você rever seus conceitos". E faz a incômoda provocação depois de mostrar algumas cenas em que pessoas reagem mal a determinadas situações, como uma mulher branca casada com um negro, um homem mais velho com uma mulher mais nova, ou o contrário. Em um dos filmes, em um hall de entrada de um edifício de luxo, uma madame recomenda a outra mulher, vestida de maneira simples, que suba pelo elevador de serviço, para depois descobrir que se trata da nova moradora que acabara de comprar o apartamento de cobertura. Realmente, está na hora de rever os conceitos,

porque quando eles são formatados por antecipação, são, na verdade, preconceitos.

Voltando a falar de arte: vamos concordar, as cópias são chatas e têm menos valor. Eu, que gosto muito de arte, vivo às voltas com essa realidade. Em minha primeira visita a São Paulo, ainda adolescente, visitei o Masp (Museu de Arte de São Paulo) e me apaixonei pela obra de Modigliani. Aqueles pescoços longos exerceram em mim um fascínio sensorial e sensual. Em minha ilusão quase infantil prometi que ainda teria uma obra do pintor italiano de vida breve e desregrada.

E cumpri minha promessa. Anos depois, comprei uma gravura dele na loja do museu Thyssen-Bornemisza, em Madri. E hoje, onde está a gravura? Confesso que não tenho a menor ideia. Quando voltei com ela para casa, meu entusiasmo em emoldurar e pendurar a cópia rapidamente arrefeceu, pois ela era apenas isso, uma cópia, uma reprodução barata, ainda que muito benfeita. E eu não quero cópias, prefiro os originais, mesmo que não sejam de Modigliani. Cópias não valem como arte, só têm efeito decorativo, já disse.

Ok, eu tenho uma gravura do Juarez Machado assinada, e gosto muito dela, mas não está em nenhuma parede nobre de minha casa, pois estas estão reservadas para as telas. Respeito as cópias, mas prefiro os originais. É uma questão de princípios.

Com relação às pessoas, também tenho esse sentimento. Prefiro as originais. Dispenso as cópias, os clichês, os estereótipos. Adoro personalidade, força de opinião, caráter. E digo isso não porque é politicamente correto apoiar a força da personalidade – isto seria um estereótipo –, mas porque pessoas singulares sempre são mais interessantes, atrativas; provocam polêmica, discussão, pensamento. Os estereotipados são chatos, comportam-se como membros da manada, são gado obediente, parece que não têm opinião.

Estou sendo cruel? Possivelmente, mas, acredite, essa crueldade também recai sobre mim, pois com frequência sinto que eu também obedeço a alguns estereótipos, traços culturais fortes, que, quando confrontados, acabam por provocar algum desconforto. Por exemplo, não sou fanático por futebol, mas às vezes me vejo discutindo lances e estratégias em um grupo de torcedores. Por quê? Ora, simplesmente para ter assunto, para rir um pouco, para exercitar minha memória (foi o Carlos Alberto que fez o último gol na Copa de 70, na vitória de 4 a 1 sobre a Itália) e minha capacidade argumentativa (na seleção do Telê Santana faltaram pontas, na do Parreira faltou espírito de equipe e o Dunga foi teimoso e arrogante) e, sei lá, para me sentir participante. Por tudo isso, mas não pelo estereótipo de que homens têm de gostar de futebol e que as mulheres nunca vão entender isso. Sem chance de ser visto no Maracanã com a

camisa de um time, de calça arregaçada até o joelho e radinho de pilha no ouvido. Estou fora!

No ótimo filme *Encontrando Forrester* há uma discussão velada sobre os estereótipos sociais e do esforço que as pessoas fazem para ser aceitas pelo grupo. Trata da relação entre dois indivíduos antagônicos, um estudante secundarista, negro e pobre, e um excêntrico gênio da literatura. No decorrer da trama, o jovem talento emergente Jamal Wallace é ajudado pelo escritor William Forrester a encontrar seu caminho na literatura, ao mesmo tempo em que é ajudado por este para se libertar de sua condição de ermitão esquisito.

Mas há a trama paralela, que narra a relação do jovem do Bronx com sua comunidade. Ele é um prodígio, mas esconde sua condição para não ser rejeitado. Seu desempenho escolar é acima da média, mas suas notas são comuns, pois ele trata de errar propositalmente algumas questões das provas para não ser considerado "diferente", e trata de se impor pelo esporte, o que lhe dá mais *status* em um ambiente em que vale a força física.

Ele nega sua condição e aceita o estereótipo do grupo para poder sobreviver. Mas, claro, no final prevalece sua essência, com ajuda de seu mentor intelectual, que o salva de si mesmo e lhe abre a perspectiva de uma vida mais rica de realizações. O discurso do escritor na reunião da escola vale o filme. O problema das classes sociais, os estereótipos culturais e raciais estão

presentes no filme com muita força, ainda que o roteiro dirija a trama para outro foco, considerado o principal. Se você ainda não viu este filme, veja; vale a pena pela interpretação do veterano *sir* Sean Connery e do novato-revelação Rob Brown, e pela história fascinante, que mistura literatura, preconceito, relações humanas e o encontro de pessoas com seu destino.

Falando em destino, Fernando Pessoa, que interpretou a alma humana como poucos poetas, recomenda: "Para ser grande, sê inteiro/ Nada teu exagera ou exclui/ Sê tudo em cada coisa/ Põe quanto és/ No mínimo que fazes".

Parece até que ele está nos lembrando que o que interessa mesmo é o que realmente somos, e não o que os outros querem que sejamos, colocando, em nosso corpo, marcas que às vezes grudam em nossa alma.

6 EU EM PRIMEIRO LUGAR

O paradoxo do egoísmo – seria melhor dar-lhe outro nome, mas há um tipo de egoísmo que é considerado bom.

Imagine que você está viajando de avião e, de repente, um comissário de bordo anuncia pelo serviço de alto-falantes que o avião acabou de sofrer uma despressurização e que os passageiros deverão colocar a máscara de oxigênio que caiu à sua frente. A seu lado está sentado um jovem que sofreu um acidente e está com os dois braços engessados. Mesmo percebendo seu desespero por não poder realizar o procedimento por conta própria, você coloca primeiro a sua máscara, e só então o ajuda.

Com este gesto, você pode ser considerado egoísta, uma vez que você primeiro pensou em si mesmo e depois no outro? É claro

que não, você foi previdente e correto. Você seguiu o procedimento padrão, orientado pelos próprios tripulantes. Primeiro ajude-se, pois se tentar ajudar o outro antes de você mesmo, poderá sentir-se mal e comprometer a segurança de ambos.

Essa pequena norma de segurança aérea é uma espécie de metáfora da vida. Cuidar de si mesmo antes de cuidar do outro tem um quê de altruísmo, pois ao cuidar-se a pessoa tira do outro a responsabilidade de cuidá-la e, ainda por cima, ficará bem para ajudar algum necessitado. Mas, cuidado: se você, após ajustar sua máscara sobre o nariz e a boca e recuperar a respiração normal, não se interessar em ajudar seu vizinho de viagem, não será apenas um egoísta, será um assassino.

E é justamente nesse pormenor (ou seria um "pormaior"?) que reside a diferença entre dois tipos de egoísmo. Há o egoísmo normal e até ético, da pessoa assumir a responsabilidade por si mesmo, por sua segurança e pela solução de suas necessidades fundamentais; e há o egoísmo mau, patológico, próprio da pessoa que não demonstra interesse pelo outro. Este não pensa "primeiro" em si mesmo, pensa "só" em si mesmo.

Então a atitude aparentemente egoísta é própria da condição humana, e faz parte da normalidade dentro dos limites considerados éticos?

Bem esta é uma história antiga. Em 1651 o filósofo inglês Thomas Hobbes publicou seu livro mais importante, *Leviatã*.

Ele acreditava piamente que o homem já nascia mesquinho e egoísta, e que, para que houvesse uma sociedade equilibrada, com respeito mútuo e preocupação com o coletivo, seria necessário haver um monarca – eleito ou não – capaz de controlar os indivíduos e fazê-los agir de acordo com um sistema social equilibrado.

Era esse monarca que Hobbes chamava de Leviatã, emprestando o nome de um monstro bíblico, citado no Livro de Jó, capítulo 41, e apresentado como uma criatura maligna que habita a profundeza dos mares. Uma espécie de Moby Dick com cabeça de jacaré, que amedrontou os marinheiros durante séculos. A única salvação contra tal criatura seria os marujos trabalharem como uma equipe de verdade, em que cada um se preocupa com o bem-estar dos outros, pois sabe que depende deles.

Hobbes pensava que se os humanos continuassem em seu estado de avareza natural correriam o sério risco de extinção. Diante disso, era necessário que o povo se aglutinasse e constituísse uma entidade poderosa chamada Estado. O Leviatã representaria, então, o poder do Estado, que ditaria as leis e teria a prerrogativa de punir quem as infringisse. Todos teriam direito à liberdade, mas, aos infratores da lei haveria a suspensão desse direito.

Ao contrário de Jean-Jacques Rousseau, que acreditava que o ser humano nasce bom e a sociedade o corrompe, Hobbes insistia que o homem nasce naturalmente mau, egoísta, e a sociedade

o mantém na linha pelo contrato social aprendido (educação) ou imposto (leis).

Como se pode ver, o assunto é recorrente e está presente nas rodinhas de psicologia e filosofia há muito tempo. Mas, deixando de lado a discussão sobre quem veio antes – o ovo ou a galinha; o egoísmo ou o altruísmo –, não podemos negar o conjunto de sutilezas que cercam o tema.

Em tempos mais recentes, quem viajou ainda mais fundo nessa questão foi o biólogo inglês Richard Dawkins, autor de *O gene egoísta*. Nele, o evolucionista afirma que a avareza não surge apenas após o nascimento, mas, veja só, antes dele, no gene, a estrutura mais íntima de um ser vivo. Para ele, o instinto básico de preservação da espécie fez com que a mãe natureza "doasse" para cada uma de suas crias um instinto egoísta presente até mesmo em nossa mais ínfima célula.

Dawkins concluiu que as partículas minúsculas de DNA estariam lutando, neste momento, dentro de você, para sobreviver a uma peleja interminável pela sobrevivência da espécie: "O homem é máquina para os genes, um veículo-robô programado para preservar os seus genes egoístas. O mundo dessa máquina dos genes é um mundo de feroz competição, de exploração impiedosa, de falsidade", disse ele.

Contudo, se o gene é egoísta, por que então vive em grupo?

Eis aí o mais belo paradoxo que o próprio autor se apressa em explicar. Acontece que cada gene também tem um comportamento gregário, como um jogador de futebol que disputa um Campeonato Genético. Mesmo se fosse o "Fenômeno" dos genes, de nada adiantariam seus dribles se a equipe não o ajudasse. É preciso trabalho em equipe, saber cooperar e comandar bem uma seleção para que, naturalmente, os melhores sejam "escalados" pelo técnico mais tarde. Além do mais, um bom jogador genético tem que saber reconhecer sua área no campo:

> Um determinado gene terá muitos efeitos diferentes sobre partes bastante distintas do corpo. Uma região específica deste último será influenciada por muitos genes e o efeito de qualquer um deles depende da interação com muitos outros genes. A célula identifica a presença dos outros e procura se transformar de acordo com o meio. Isto é um princípio ético que está em nosso corpo, nós somos um código organizado.

É dessa forma que o fragmento de proteína "se classifica" para as próximas gerações. E assim como o gene, o homem também é incapaz de viver sozinho. É egoísta, mas gregário. Trata-se de um princípio de harmonia com a vizinhança, comum nas ciências naturais.

Pense rápido: quem plantou o cafezinho que você tomou hoje? Quem editou o livro que você lê agora? Aliás, quem o ensinou a ler? Quem o fez pensar o que você é? O gabarito da vida está em você, mas também há um em seu vizinho, e eles estão absolutamente interligados pela teia da vida.

Egoísmo e egocentrismo podem ser parecidos, mas são diferentes. Egocentrismo é inato. Todos nós nascemos voltados para o próprio umbigo, ao passo que o egoísmo vem mais tarde – fruto da degradação dessa atitude na fase adulta. Por isso é que o velho avarento se assemelha à criança mimada: o pimpolho deixa você "chupando o dedo" enquanto lambe o pirulito na sua frente, já o adulto deixa você "com as mãos abanando" enquanto contabiliza os ganhos nas suas costas.

De acordo com os estudos da psicologia do desenvolvimento, todo bebê é egocêntrico porque não tem com quem se comparar a não ser com ele mesmo. É natural que se considere o centro do mundo, pois ainda não tem a experiência de alteridade (não distingue nem reconhece a existência do outro). A criança vê a si e a mãe como uma pessoa só, e essa visão dura boa parte da infância. Este é apenas um fator de desenvolvimento infantil pelo qual todos passamos.

Como o bebê ainda não tem capacidade de julgamento moral, espera-se que ele defenda suas próprias necessidades e que se comporte, logo ao primeiro choro, como um miniegoísta. Os principais responsáveis por desprendê-lo do próprio umbigo são

seus pais. São eles que determinam o horário da amamentação, do sono, da brincadeira, do banho. E à medida que o baixinho fica mais altinho, novos valores constroem-se de acordo com as experiências que vivencia e seleciona – o que deve ou não ser feito, se é certo ou errado, se é isto ou aquilo, se ele será egoísta ou generoso.

Mas, pensando bem, como o pimpolho vai ser generoso se hoje cada um gosta de ficar "no seu quadrado"? Filhos únicos são mais mimados? O que fazer? Como educá-los? Ninguém tem a resposta definitiva, e o fato é que, às vezes, em uma família podemos encontrar vários filhos que se comportam como filhos únicos. Egoísmo endêmico intrafamiliar.

E é aí que entra a questão da individualidade. A sociedade vem, sim, ficando cada vez mais egoísta. Hoje há prioridade demais para valores individuais e isso gera menos pessoas dispostas a sacrificar seus interesses pelos interesses do outro. Nem tudo está perdido, mas a mudança deve começar cedo, de dentro de casa. A família tem papel fundamental, e deveria encontrar o equilíbrio entre o tempo que cada um tem para si e para o filho.

Atender ao telefone, ver TV, passar roupa ou fazer qualquer outra coisa que distraia os pais do pimpolho é hora-quantidade e não tempo-qualidade. Qualidade é melhor que quantidade. Duas horas de inteira dedicação ao filho têm mais valor que um dia inteiro de tempo compartilhado com outras atividades, sem realmente ouvi-lo ou sequer vê-lo.

Mas não pense que individualismo é sinônimo de egoísmo. Aquele que aprecia a vida privada e não deixa de lado a realização do outro não é mesquinho. E é daí que surge – quiçá – a parte mais contraditória deste texto: o egoísmo pode não ser ruim, se não for exagerado.

Lá no século XVII o economista escocês Adam Smith já encarava o egoísmo como o motor locomotivo da sociedade. "Não é da benevolência do padeiro, do açougueiro ou do cervejeiro que eu espero que saia o meu jantar, mas sim do empenho deles em promover seu 'autointeresse'", deixou bem claro. Segundo seu raciocínio, todo bem social teria antes uma origem pessoal. Quando cada um que se esforça para proveito próprio acaba contribuindo para a coletividade.

Adam Smith acreditava que a livre competição não apenas acarretaria a queda do preço dos produtos, como também promoveria inovações tecnológicas a fim de baratear o custo de produção e vencer os competidores. Dessa forma, o comerciante, movido apenas por seu próprio interesse egoísta (*self-interest*), é levado por uma mão invisível (*the invisible hand*) a promover algo que não faz parte de seu propósito original: o bem-estar da sociedade.

Sim, nenhum ato humano é totalmente desinteressado, gratuito. Nem o altruísmo. É esse impulso "egoístico" que move a mão para que o interesse coletivo seja realizado. Talvez seja por isso que a vida lembre a imagem de uma moeda rodando em torno de si mesma. Neste caso, ela tem as duas faces, do egoísmo e

do altruísmo. Ambos rodopiam entre si, oscilam, às vezes se mesclam e fundem num só. De tempos em tempos sai "cara": julgamos ser eternos, centramos desejos em nós mesmos e pagamos o preço pela vida mal vivida. Mas de tempos em tempos sai "coroa": amadurecemos e passamos a crer que não vivemos apenas para nós mesmos, e sim para uma entidade muito maior – a humanidade, à qual pertencemos.

7 EQUILÍBRIO NA VIDA

Basicamente, o equilíbrio trabalho–vida pessoal converteu-se em debate sobre até que ponto deixamos que o trabalho absorva toda nossa vida.

Gregório respondia pelo setor comercial da empresa. Sua função, além de liderar a equipe de vendas, era a de visitar os clientes para estreitar os laços com a empresa, demonstrando interesse por seus desejos e necessidades, ouvindo opiniões, queixas e eventuais elogios. "Sua opinião é muito importante para nós", costumava repetir, meio sem convicção. A verdade é que não era assim tão importante ouvir os clientes, e sim fazê-los acreditar que estavam sendo ouvidos. Isso aumentava a fidelização, acreditava seu chefe. Ele até gostava de seu trabalho, pois tinha a oportunidade de conhecer pessoas, aprender coisas novas, viajar. Só que sua função o impedia de manter uma vida doméstica e, quando estava em casa, não conseguia

se desligar dos compromissos, da agenda, das metas que precisava atingir.

Gregório sentia que estava perdendo o controle de sua vida, adiando os sonhos, estagnando seu desenvolvimento pessoal. Seu trabalho não combinava com sua vida. Ou seria o contrário? Ele já não sabia e, finalmente, sentiu que estava se transformando em um ser de quem ele não gostava. Uma manhã, ao despertar de sonhos inquietantes, Gregório deu por si na cama transformado em um ser repugnante. Exatamente o que ele sempre abominara e não se cansava de criticar. Um indivíduo que vivia apenas por viver, engolido pela rotina monótona, digerido pelas metas impossíveis e metabolizado pelo sistema impiedoso que classifica as pessoas de acordo com seu potencial produtivo.

Ao olhar-se no espelho, Gregório não gostou do que viu. Sua aparência estava envelhecida e entristecida. Como foi que o tempo passara tão depressa sem que ele se desse conta? Onde fora parar a alegria natural, juvenil, alimentada pelo prazer das coisas pequenas e pelo entusiasmo dos sonhos grandes? Agora, homem feito, lidava com negócios grandes, mas seus sonhos haviam ficado pequenos. Em que bicho ele se transformara, afinal?

O pequeno texto acima é claramente inspirado no livro *A metamorfose*, de Franz Kafka, publicado pela primeira vez em 1915. Kafka inaugurou, nesse livro, o estilo do realismo mágico na literatura, ao contar a história do caixeiro-viajante Gregor Samsa,

que, um dia, acorda e nota que havia se transformado em um inseto, presumivelmente uma barata. O enredo é absurdo, mas é exatamente essa a mensagem de seu autor, que deseja denunciar o absurdo da vida. A metamorfose de Gregor não é só física, é também psicológica e termina por provocar outras metamorfoses a seu redor, especialmente em seus pais e sua irmã, que antes eram sustentados por ele e agora precisam encontrar novos caminhos.

O livro de Kafka, que antes de ser escritor foi corretor de seguros, coincide com um período de grandes transformações na sociedade, com o surgimento de uma onda de industrialização, a criação de novas castas e de novas relações de poder. Aproximadamente na mesma época, Henry Ford, ao reclamar de um operário que não apresentava o resultado que ele desejava porque dizia estar triste, disse: "Você não está aqui para ser feliz, está aqui para trabalhar. Seja feliz depois do expediente".

Ok, estávamos em plena Revolução Industrial, em que as pessoas eram tratadas como peças da máquina, componentes de uma grande engrenagem produtiva. O capitalismo estava se firmando como uma espécie de religião, e seus sacerdotes eram os pensadores que pregavam a produtividade, como Taylor, Fayol e o próprio Ford. A ideia de aumentar a produção otimizando os recursos não era ruim. Aliás, esse é o princípio da eficiência – fazer mais com menos. Até aí tudo bem, o problema foi a massificação da classe trabalhadora, a exploração do homem pelo homem, a elevação da *mais-valia* ao estado de arte. Bem que Karl

Marx tinha avisado, diziam os que se revoltavam, e mesmo estes se conformavam, pois precisavam sobreviver.

Quem melhor explicou o que acontecia foi Charles Chaplin em seu genial *Tempos modernos*, filmado em 1936, em que ele fez o papel de um operário que aperta porcas e de repente é "engolido" pela máquina, confundindo-se com as engrenagens. "Eis no que nos transformaram", parecia dizer. "Em peças de máquina."

Levou algum tempo para que os operários passassem a ser respeitados como seres humanos. Na mesma época do filme de Carlitos, surgiram alguns estudiosos da sociologia do trabalho, entre eles uma mulher chamada Mary Parker Follet, uma espécie de "profetiza do gerenciamento", cujas ideias ainda hoje são consideradas avançadas – imagine na época. Ela gostava de estudar. Formou-se em administração, economia, direito e filosofia. Escreveu apenas três livros, mas, por meio deles e de suas aulas e conferências, revolucionou o pensamento relativo à gestão de pessoas, e deu origem à chamada Escola das Relações Humanas, que tratou de devolver ao trabalhador sua dignidade de ser humano.

Foi depois dos "puxões de orelha" dados por Follet e por Chaplin que o mundo do trabalho começou a pensar de modo diferente seus "recursos humanos" – terrível expressão totalmente absorvida pelo uso diário em todo o mundo.

Em uma sociedade que valoriza a eficácia e o resultado, as pessoas excessivamente dedicadas ao trabalho, comprometidas até o tutano com seu ofício, ganham *status*, são admiradas e

apontadas como referência. Nada contra, mas cuidado com os exageros. A expressão *workaholic* surgiu para designar quem é viciado em trabalho e não consegue desligar dele em momento algum. Isso se torna uma espécie de doença, algo que acaba prejudicando, pois um tipo assim sacrifica a vida em família, descuida da saúde, não tem *hobbies*: só cultiva relações ligadas ao ambiente profissional, e esse desequilíbrio acaba voltando-se contra a própria carreira.

O festejado ex-presidente da GE (General Eletric), Jack Welch, diz que "basicamente, o equilíbrio trabalho–vida pessoal converteu-se em debate sobre até que ponto deixamos que o trabalho absorva toda nossa vida". E ele diz isso batendo com o punho no peito, fazendo seu *mea culpa* por não ter, ele mesmo, conseguido esse desejado equilíbrio. Ele foi totalmente absorvido por sua carreira, pelos negócios e pela empresa, mas, em nenhum ponto de sua biografia, ele credita a isso o sucesso que teve, e sim a traços de sua personalidade, como o espírito de liderança, a disposição para correr riscos e a criatividade.

Claro, ele também alega que adorava o que fazia, o que o coloca em outra categoria, a dos *worklovers*, os apaixonados pelo trabalho. Estes, ao contrário dos *workaholics*, não sentem que estão passando do limite, pois seu trabalho é uma espécie de diversão. Outro conselho do Welch: "Assuma uma atitude positiva e espalhe-a a seu redor, nunca se deixe transformar em vítima

e, pelo amor de Deus, divirta-se!". Ótima frase, mas veja, ela se aplica à vida, e não ao trabalho apenas. Aliás, o trabalho é parte da vida, e não deve ser confundido com ela.

Quem insiste nessa ideia é o professor Domenico de Masi, titular de sociologia do trabalho da Universidade Sapienza, em Roma. Ele se tornou conhecido por ter publicado, em 1995, um livro que trouxe um novo conceito para a questão da relação do homem com seu trabalho: o "ócio criativo". Muitas vezes interpretado como uma espécie de *dolce far niente*, o conceito do ócio criativo está longe de propor uma atitude passiva ou contemplativa. Trata-se de uma postura das pessoas ante as três maiores necessidades sociais: o trabalho, o estudo e a diversão.

De Masi apresenta sua versão, dizendo que o mundo pós-industrial privilegia – ou prefere – as pessoas e as empresas que criam condições para que haja um encontro entre as três necessidades. Diz ele que quando conseguimos trabalhar em um lugar em que, ao mesmo tempo, estamos aprendendo e também nos divertindo, liberamos nossa mente para criar mais, produzir novas ideias, promover progresso, inventar um mundo novo todos os dias.

A proposta é a da recuperação do homem integral, que a revolução industrial destruiu, quando separava o homem em partes: o profissional na empresa, o pessoal em casa. Como se isso fosse possível. Lembremos que somos indivíduos porque somos indivisíveis. A grande inspiração para o conceito do ócio criativo

foi retirada de observações históricas, especialmente três: primeiro dos gregos, que costumavam promover uma reunião, chamada *simpósio*, em que, após o jantar, cada participante, enquanto segurava uma taça de vinho nas mãos, apresentava suas ideias a respeito do tema em discussão, e, ao concluir, entregava a taça, junto com a palavra, a outro participante. Essa reunião podia durar toda a noite ou todo o dia e era, ao mesmo tempo, prazerosa, produtiva e criativa.

A segunda inspiração vem dos romanos, famosos por construírem termas, as casas de banho espalhadas por todo o império, servidas pelos aquedutos. Nesses locais, os cidadãos romanos juntavam-se para banhar-se, receber massagens, fazer ginástica, mas também conversar sobre política, filosofia, problemas da cidade e negócios. Ali passavam todo o dia e produziam muito. Roma e toda a civilização ocidental devem muito às termas, pelas ideias que ali foram concebidas e pelas decisões que foram ali tomadas.

Outro modelo são os encontros promovidos pelas principais figuras do Iluminismo francês, especialmente Diderot, Rousseau e D'Alembert, os autores da *Enciclopédia*, o conjunto de obras que marca uma nova era para a humanidade, impulsionando a disseminação do saber e o interesse pela ciência. Esses homens se recolhiam em uma casa de campo, onde trabalhavam em equipe, aprendiam uns com os outros e dedicavam-se, também, à musica e ao entretenimento. Exemplos de ócio criativo que Domenico de Masi cita como momentos de grande criatividade e contribuição dessas pessoas para a humanidade.

Não há solução para o equilíbrio entre a vida pessoal e o trabalho a não ser construindo uma vida plena, harmônica, prazerosa. A tentativa de separar o mundo em duas ou mais partes acaba criando uma espécie de paranoia não solucionadora. Gostar do que se faz é fundamental. Ter uma vida pessoal saudável, com família, amigos, *hobbies*, interesses variados, também. Ser sério não significa não ser alegre. Ser responsável no trabalho não implica colocar a família em segundo plano. Talvez seja a hora de rever os valores e, claro, fazer um bom exercício de organização da vida.

8 A FILOSOFIA DA AMOROSIDADE

Como compreendi a importância de viver em harmonia sem perder o direito à opinião e ao posicionamento.

– Há dois tipos de pessoas no mundo. As que vivem em estado de egoísmo e as que vivem em estado de amor.

Faz muito tempo que escutei esta ponderação de uma pessoa muito amorosa, inteligente e pianista excepcional: a professora Adelaide Moritz, minha mestra na música e na vida. Nunca me esqueci de sua análise por dois motivos: porque, ao colocar "estado de" antes dos substantivos egoísmo e amor, ela criou uma nova taxionomia da condição humana; e porque ela qualificou o egoísmo como o antônimo de amor, e não o ódio, como seria de esperar.

E ela fez isso porque não se referia ao amor em si, e sim à condição de amar como um jeito de ser. É quase uma filosofia viver

em estado de amor, e é o mesmo que estar conectado com o mundo por um cordão de luz, que ilumina as relações e as torna sempre agradáveis, independentemente de ser afetivas, familiares, profissionais ou circunstanciais.

Por outro lado, viver em estado de egoísmo seria o mesmo que criar um cordão de isolamento que afasta as pessoas e condena seu "usuário" a uma vida pobre de espírito e curta de esperança. Viver em egoísmo significa querer só para si, não compartilhar, desconsiderar as necessidades e os sentimentos alheios. Ser um habitante do estado de egoísmo é o mesmo que declarar guerra ao mundo, usando como armas as palavras duras, a desconfiança permanente, o desrespeito latente.

Todos conhecemos pessoas desses dois tipos, mas interessa-nos falar aqui daquelas do primeiro tipo, claro. Daquelas que por índole e por opção vivem em amorosidade, o que não significa que não possam ser duras se isso for necessário para reinstalar a ordem no mundo a seu redor. Lembro que a professora Adelaide era amada por seus alunos até quando, exigente, mostrava que não estava satisfeita com seu desempenho. Pessoas amorosas são assim, são amadas porque são amorosas e são amorosas porque não têm medo de ser amadas. Há quem diga que amar é fácil e que ser amado é difícil. Os verdadeiramente amorosos deixam aberto o caminho nos dois sentidos.

Mas é importante esclarecer que ser digno de amor não é ser bonzinho, certinho, modesto e gentil para "fazer amigos

e influenciar pessoas". Isso é ser polido, amável. Entretanto, "a polidez, é um simulacro da moral", filosofa André Comte-Sponville, que se deu ao trabalho de escrever o *Pequeno tratado das grandes virtudes*. Ele afirma que agir de modo amável não é ser amoroso, mas é um bom começo. A esperança é que da polidez surja o nobre sentimento, mas nada é certo. Ao preencher o amor que lhe falta, por hábito ou por educação, a moralidade pode se tornar amorosidade, o seu ápice. Ao atingir esse auge as virtudes se dissolvem e tornam-se uma só, passando a ser praticadas sem artifício, ao natural, "com açúcar, com afeto", com amor verdadeiro.

Segundo essa visão, viver em estado de amor pode ser uma opção, algo que pode ser desenvolvido conscientemente, uma atitude que começa na mente e acaba instalando no coração um novo jeito de ser. E o mundo agradece por isso.

Amorosidade não é amor, é um hábito de quem é capaz de amar. Mas, para isso, é necessário viver o amor em si, o que dá mais trabalho do que parece, pois há mais de um tipo de amor, e só seremos completos quando visitarmos todos eles. Para melhor entendimento sempre podemos beber da fonte segura do mundo grego antigo, simples e coerente, e reduzir a essência do amor a três tons primários: Eros, Philia e Ágape.

O mais primitivo tipo de amor seria o erótico. Egoísta, incompleto, é uma espécie de desejo pela falta. A palavra vem de Eros, o deus do amor, fruto da união de Pênia, a penúria, com Poros,

o faustoso. Filho pobre, sujo, sem sapato, sem teto e sempre faminto, herda do pai a atração pelo belo e pelo bom; é sagaz, caçador, e está sempre a maquinar planos e a desejar mais e mais.

Eros nasceu de um golpe de Pênia. Enquanto Poros dormia, embriagado após a festa de nascimento da deusa Afrodite, a deusa da penúria quis aliviar sua condição miserável tendo um filho com o senhor da riqueza, e assim concebeu Eros. Desde cedo ele viveu sob intensa atração pelo belo, mas oscilando entre os extremos: era pobre pois não possuía nada, mas era rico porque guardava recursos potenciais para gerar novas vidas. Eros quer sempre mais, cobiça sair de si mesmo, busca sempre o saber, a beleza, a fertilidade. É angustiado e insaciável.

Sendo a forma mais embusteira dentre todos os amores, o amor erótico geralmente consuma-se pelo contato sexual. "Na verdade, o amor delas [pessoas apaixonadas] é um egoísmo a dois; elas são duas pessoas que se identificam uma com a outra e resolvem o problema do estado de separação pelo encontro erótico", diz o psicanalista Erich Fromm. Amor sedento que busca embriagar-se mesmo quando já saciado, ele é feito ausência cheia de vácuo. Está sempre à espreita de alguma completude inacabada, vazia. Assim é Eros.

Apesar de necessário e próprio de nossa condição de humanos incompletos, Eros não representa a amorosidade, apesar de poder ser parte dela como gerador de vida. Este estado começa – sim, apenas começa – a se manifestar no segundo modelo,

o amor Philia, que é fraternal, companheiro. Menos estimulado pela posse, esse tipo de sentimento cristaliza-se pela amizade, e seu prazer deriva do simples ato de estar junto, de compartilhar momentos. Philia se alimenta da conversa, do cuidado, da alegria, do compartilhamento. É generoso, mas tem lá seu lado egoísta, apesar de se manifestar como altruísta, uma vez que se coloca sempre a serviço do outro. Seu egoísmo deriva do fato de que, ao servir ao amigo sente prazer, por isso serve.

De Philia surgiram palavras como "filosofia", que significa o amor à sabedoria, ao conhecimento. Em zoologia, o estudo dos animais, usa-se a palavra "filo" para designar grandes grupos de espécies que têm afinidades entre si. Nós humanos, por exemplo, pertencemos ao filo dos vertebrados, porque, assim como os peixes, as aves, os répteis e os outros mamíferos, temos uma coluna vertebral. Pois é, até a ciência foi buscar inspiração nos mitos gregos para explicar suas conclusões.

E, bem acima dessas coisas mundanas, como erotismo e amizade, encontramos o amor Ágape, sorrindo compreensivo. É ele que eleva o amor a um estado divino, imaculado. Na verdade, ele vai além do amor, é universal, sem predileção nem eleição, é inteiramente desinteressado. Não é paixão nem amizade, mas divino, criador. É ele que valoriza o que não tem nenhum valor em si mesmo. Ele não precifica capacidades, concede-as. É a aceitação invariável do outro, seja ele quem for, amigo, inimigo ou indiferente.

Quem vive em estado de amor, tem a amorosidade como filosofia, experimenta o amor Ágape todos os dias. Esse é um tema que não escapou aos filósofos, o que se explica por sua importância. "Na essência, todos os seres humanos são idênticos. Na verdade, somos todos parte do Um", conclui Erich Fromm, para explicar a amorosidade. "Ser amado precede a graça de amar e prepara o estado de amor", pensa Comte para explicar a origem de tudo.

Platão, em *O banquete*, põe à mesa duas soluções para explicar a amorosidade: como não podemos fugir de nossa incompletude, temos de direcionar o nosso amor para outros corpos e gerar filhos; ou então expressá-lo por meio da arte, da política, da poesia, das ciências, das filosofias ou o que for, sempre dando prioridade especial ao belo. Diz Platão:

> Seguir o amor sem nele se perder, obedecer a ele sem nele se encerrar é transpor umas depois das outras as gradações do amor: amar primeiro um só corpo, por sua beleza, depois todos os corpos belos, depois a beleza que lhes é comum, depois a beleza das almas, que é superior à dos corpos, depois a beleza que está nas ações e nas leis, depois a beleza que está nas ciências, enfim, a beleza absoluta, eterna, sobrenatural, a do Belo em si, que existe em si mesmo, de todas as belas coisas que participam, de que procedem e recebem sua beleza (...)

A amorosidade está presente nas relações familiares, mas extrapola este limite e transborda para o mundo humano melhorando

as relações. Entre os membros da família, notadamente entre a mãe e o filho, a amorosidade ganha profundos contornos de Ágape, mas muitas vezes se perde nesse caminho, pois Ágape pressupõe a não posse, e este é um sentimento que a mãe tem de se esforçar muito para não desenvolver.

Todas as mães amam, mas há mães amorosas e mães possessivas. A amorosa sabe que seu filho nasceu dela, mas não lhe pertence de verdade, como explicou o poeta libanês Khalil Gibran: "Vossos filhos não são vossos filhos. São os filhos e as filhas da ânsia da vida por si mesma. Vêm através de vós, mas não de vós. E, embora vivam convosco, não vos pertencem".

A mãe amorosa prepara o filho para a vida e prepara-se para deixá-lo partir e viver sua condição de indivíduo, com suas virtudes e defeitos, conhecendo conquistas e riscos. A mãe possessiva é egoísta e controladora. Ela exige amor e entrega porque ama e se entrega. Mas amorosidade não é isso, não é moeda de troca nem objeto a ser compartilhado. O amoroso, ao contrário, é libertário, não retém, não exige, não controla.

Amorosidade é uma condição humana elevada, aproxima as pessoas do conjunto de virtudes, pois nela estão incluídos o cuidado, o respeito, a confiança. A amorosidade é bela, boa e verdadeira. Se Eros, Philia e Ágape são deuses que personificam o amor, a amorosidade é a qualidade que eleva os humanos à condição de deuses. E o amor da mãe é o começo desse treino para sermos divindades, pois é o primeiro, o maior, o mais puro e

completo. Só não pode ser egoísta, pois assim perderia a qualidade de produzir amorosidade, uma vez que, nela, encontramos também a liberdade, valor maior e insubstituível.

Assim, concluímos, se amorosidade não é amor, é por ele fertilizada e, ao fazer isso, gera uma sublime possibilidade humana: a de construir a paz, esta insubstituível condição para a felicidade.

SOBRE PESSOAS E RELAÇÕES

9 O INFERNO SÃO OS OUTROS

Se aquilo que eu quero é ligeiramente diferente daquilo que você quer, vou tentar influenciá-lo ao mesmo tempo em que você tenta me influenciar.

Para começar, temos de lembrar que o Homem é um animal gregário, ou seja, nós vivemos em grupo, precisamos um do outro para obter alimento, ter segurança e construir conhecimento. Então, pensar que é possível não receber influência do outro é imaginar o improvável. A questão é saber como construir uma estrutura de personalidade capaz de filtrar os estímulos externos para bloquear os ruins, receber os bons e, claro, saber diferenciá-los.

O ideal é começar esse treinamento muito cedo, já na infância, pela construção de pensamento lógico e de inteligência

emocional, coisas que podem ser ensinadas e aprendidas. O problema é que isso depende principalmente da influência dos pais, que não são, na maioria das vezes, especialistas em educação e psicologia infantil. Quem não se lembra de fatos ocorridos na infância que nos influenciaram para sempre? Como impedir que a influência dos outros perturbe nosso equilíbrio interior? Como filtrar os estímulos de pessoas e de fatos que só nos trazem aborrecimento? Como fazer para não achar que o inferno são os outros, como disse Jean-Paul Sartre?

A literatura pode nos ajudar. É do escritor alemão Ernst Hoffmann um conto chamado "O homem de areia", em que o personagem chamado Natanael conta como foi influenciado por um hábito de sua mãe quando ele era menino, e como essa influência o acompanhou por toda a vida. Quando queria que as crianças fossem para a cama, ela dizia:

– Crianças! Para a cama já. O homem de areia já está chegando! – e a criançada corria para o quarto, com medo do personagem assustador. Deve ser horrível um homem de areia. Cinza, sem feições definidas, desmanchando-se à medida que caminha em busca de uma vítima para engolir.

Já adulto, Natanael perguntou à sua mãe por que ela usava a imagem desse monstro para assustar as crianças, e quem era, afinal, o homem de areia. Ela então lhe explicou:

– Quando eu dizia que o homem de areia estava chegando estava me referindo ao fato de que vocês estavam sonolentos e não conseguiam manter os olhos abertos, como se houvesse areia neles. O homem de areia era você mesmo, meu filho.

Surpreso, Natanael percebeu que sua mãe não queria assustá-los. Estava apenas fazendo uma brincadeira que foi mal interpretada, e que influenciou tremendamente seu modo de ver a vida. Ele passou a acreditar que havia monstros à espreita sempre prontos a afastá-lo de seus desejos. Ele, por exemplo, culpava o homem de areia por não poder ficar com seu pai na sala à noite. Quando ele morreu em um acidente, atribuiu ao monstro malvado essa infelicidade. Com certeza o homem de areia havia matado seu pai.

Sua mãe nunca teve essa intenção, mas ela marcou a vida emocional do garoto para sempre, com uma imagem surreal, fantástica, assustadora. Natanael foi influenciado por esse episódio e passou boa parte de sua vida imaginando homens de areia à espreita atrás de cada porta, de cada situação e acontecimento de sua vida. Seu emprego, seus namoros, sua saúde, toda sua vida estava sempre ameaçada por esse inimigo invisível.

Natanael foi influenciado porque não teve maturidade para filtrar o real do imaginário, nem poderia ser diferente. Sua mente infantil não soube separar o símbolo do simbolizado, o que é normal nas crianças. E essa imaturidade emocional pode ser reproduzida na vida adulta, o que acontece quando não há

a formação de uma personalidade bem estruturada, competente para se deixar influenciar apenas por aquilo que faz bem, e não por imagens destrutivas.

O problema é que ninguém, ninguém mesmo, tem a personalidade tão estruturada a ponto de só receber influências positivas e ser refratário àquilo que não convém, que faz sofrer, que prejudica. A busca dessa competência emocional é uma das obsessões da psicologia. Leva tempo, depende de maturidade, de certa dose de sabedoria para viver livre da tirania do outro.

Ser capaz de construir relações humanas adequadas, que têm o que acrescentar, é uma das qualidades da pessoa estruturada, da personalidade sadia. Mas, se selecionamos nossas companhias pelo tipo de influência que elas exercem sobre nós, então, por que às vezes nos deixamos influenciar negativamente por algumas pessoas? Será que, nesse caso, estamos vivendo alguma fase autodestrutiva?

Sim, existe essa possibilidade, mas o mais provável é que quem se deixa influenciar negativamente ainda não tenha aprendido a lidar com as relações, a começar pela relação consigo próprio. Saber o que é bom para si mesmo e ser fiel a seus valores e a seus desejos requer uma dose de maturidade que demanda tempo, estudo, leitura, exemplo, lucidez, amorosidade.

Ser maduro significa permitir que as influências, agradáveis ou não, nos ajudem a construir conceitos, conhecimentos

e percepções que serão benéficos na medida em que nos ajudam a pensar com qualidade. Ser maduro significa assumir a autonomia por seus sentimentos sem transferir para os demais a responsabilidade pela consequência de suas ações e por sua eventual infelicidade. Na maturidade ganhamos a chance de sermos influenciados de maneira positiva porque aprendemos a ler os textos escritos pela vida, o que é uma conquista e tanto, por isso mesmo tão desejada e tão difícil de ser alcançada.

Temos de tomar cuidado quando interpretamos o pensamento sartreano de que "o inferno são os outros". Essa expressão não pode ser levada ao pé da letra, pois ela representa um pensamento muito mais complexo do que parece inicialmente.

Sartre quis dizer que as pessoas com quem nos relacionamos são fonte permanente de influência e não temos como nos livrar disso, nem seria inteligente tentar fazê-lo. A questão é que todos nós procuramos realizar mudanças no mundo de tal modo que ele se adéque a nossos projetos pessoais. Isso é normal, só que cada pessoa tem seu próprio projeto, e é nisso que reside a fonte de todos os conflitos. Daí a ideia de que o inferno são os outros.

Se aquilo que eu quero é ligeiramente diferente daquilo que você quer vou tentar influenciá-lo ao mesmo tempo em que você tenta me influenciar. Essa batalha surda é uma grande fonte de inquietação, pois ela é permanente, e só deixaria de infelicitar se aceitássemos o direito universal à felicidade, e percebêssemos que para uma pessoa ser feliz não é necessário

que outra seja infeliz. Trata-se do princípio da abundância, que tem na felicidade sua melhor aplicação. Pode parecer poético demais, sem vínculo com a realidade, mas é uma forma de ver o mundo, uma filosofia de vida muito útil para a construção de relações positivas.

A verdade é que uma pessoa não pode se conhecer satisfatoriamente se não usar também os olhos dos outros. Só assim, pela interação com os outros, é que conseguimos nos ver como parte do mundo. Quando tentamos eliminar totalmente a influência dos outros corremos o risco de construir um mundo irreal, isolado, esquizofrênico.

Apesar disso, há uma postura filosófica que defende esse isolamento. Chama-se solipsismo e diz que o conhecimento de uma pessoa deve se basear apenas em suas experiências pessoais, interiores, e que não se deve estabelecer uma relação entre aquilo em que se acredita e as crenças e os valores dos demais.

Os solipsistas creem que o pensamento é a instância psíquica que existe para controlar a vontade e que o restante do mundo, o que está fora do ser, é reflexo do que ele pensa. Um solipsista recusa ser influenciado. Ora, esse indivíduo só existe na teoria, pois é impossível criar uma carapaça refratária aos estímulos externos de maneira tão dramática. Ainda que às vezes encontremos aquelas pessoas que se consideram donas da verdade e que consideram estranho todo aquele que não pensa

como elas. Só aceitam ser influenciadas por suas ideias preconcebidas e recusam apoio para construir ideias continuamente. Pessoas assim talvez não sejam solipsistas, mas são sectárias, intolerantes, intransigentes. Conheço algumas, você não? E quero distância delas.

As influências externas nos ajudam a construir a noção da realidade, e ela não é estática, mas dinâmica, tem um movimento que deriva, inclusive, de alguns momentos de contradição ou de oposição de crenças.

Hegel, o filósofo alemão que construiu um dos pensamentos filosóficos mais completos e procurou fazer do pensamento estruturado o refúgio da razão e da liberdade, já falava sobre isso, no século 19. Segundo ele, a realidade é construída por três "seres": o ser **em-si**, o ser **fora-de-si** e o ser **para-si**. Na metodologia científica, esses três seres costumam ser chamados de **tese**, **antítese** e **síntese**. Na vida prática, se você tem uma opinião diferente da de seu amigo, estamos diante da oposição entre tese e antítese, o que, absolutamente, não é ruim, ao contrário, é um solo fértil para a semeadura da verdade. Com o exercício do diálogo, haverá a construção de uma terceira ideia, que receberá o nome de síntese por ter elementos das duas anteriores, apesar de ser diferente de ambas. Hegel criou a ideia da dialética da vida, um movimento permanente. Dizia que uma semente deve morrer para nascer a planta, da mesma

forma que um velho conceito precisa morrer para dar lugar a um novo.

Precisamos, então, desaprender para aprender, e nesse movimento permanente de construção da realidade, que não é estática, como já vimos, não há como não considerar a influência do outro. O que precisamos é transformar os estímulos em forças construtivas, o que só pode ser feito com o império da razão.

10 NUNCA ESTAMOS LIVRES DO FALATÓRIO

No trabalho, na vizinhança, na família. Em todos os ambientes o hábito de fofocar sobre a vida alheia parece ser um componente natural da vida em sociedade.

Maria Olímpia tinha uma amiga que, por ter nascido no dia 7 de setembro, era conhecida como Independência. Ambas viviam no Rio de Janeiro, na década dos anos 1880, época em que as amizades, principalmente entre as moças, respondiam por várias das necessidades humanas, como lazer, apoio, segurança e informação. O mundo de então era pequeno. Era limitado pela comunicação precária, pela lentidão do deslocamento, pela parcimônia das opções. Restavam as pessoas. A amizade solidária, então, era um bem a ser preservado.

As duas amigas cumpriam, uma para a outra, esse *mix* de atribuições sócio-familiares. Maria Olímpia, aos 26 anos, era casada com um advogado recém-formado, mas competente, ambicioso e dono de um futuro brilhante, como todos diziam. Já Independência, pobre moça, mal tinha chegado aos 30 anos e já era viúva de um militar. Morava com a mãe, era religiosa com fervor e dava sinais de que estava conformada com sua viuvez e com todo o conjunto de consequências que isso acarreta em uma sociedade católica e conservadora dos trópicos que tenta ser Europa copiando apenas os piores maneirismos.

Mas, claro, como em toda história machadiana, nesse sistema que operava calmamente as funções previstas pelo circunscrito contrato social, eis que entra um vírus perturbador, daqueles capazes de afetar todos os aplicativos do bom convívio: a fofoca. O que começou com chistes sugestivos e comentários pseudocolaborativos chegou ao requinte cruel das cartas anônimas, inicialmente esparsas, depois semanais. Tudo sinalizava para a tragédia moderna: a viúva estava tendo um caso com o marido da amiga.

Machado de Assis, autor do conto "A senhora do Galvão", ao qual pertencem os personagens mencionados, não deixa claro se tal dupla traição realmente aconteceu. Assim como em *Dom Casmurro*, que chega ao epílogo sem esclarecer se Capitu realmente traiu Bentinho com o amigo Escobar, nunca saberemos se Independência e o advogado Galvão foram amantes. A literatura

machadiana não quer ser explícita. Seu viés psicológico visa a explorar a alma, não a conduta. O que interessa não é a traição ou suas consequências, e sim o substrato humano que os sustenta. No caso, a inexplicável compulsão das pessoas ao controle do comportamento alheio e ao autoproclamado direito de julgar e condenar ao suplício do comentário fácil e irresponsável. Estamos falando da necessidade que as pessoas têm de comentar com senso crítico a vida dos outros – em outras palavras, fazer fofoca.

Dizem que a fofoca existe pelo simples motivo de vivermos em sociedade. Para que isso seja justificativa suficiente, vale então lembrar que, para que um grupo de pessoas passe a ser considerado uma sociedade, é necessário que tais pessoas tenham interesse umas pelas outras, e, neste caso, é inevitável que umas comentem sobre as outras. De certa forma, ao fazer um comentário sobre alguém, estamos tentando compreender a essência da própria espécie humana, portanto estamos fazendo um exercício de autoconhecimento. Aquele que não se interessa por ninguém padece de uma sociopatia que o leva a se afastar do convívio, o que prejudica até a relação intrapessoal. Portanto, parece que todo mundo faz fofoca. O que varia entre as pessoas é a quantidade e a natureza da fofoca que fazem. Há gente muito fofoqueira, e há os fofoqueiros circunstanciais. Há aqueles que usam a fofoca como maledicência, realmente prejudicando aqueles que são seu alvo; e há os que se divertem com fofocas

inocentes. Mas todo mundo faz fofoca, é da natureza humana – Machado explica.

O grande mal da fofoca é a parcialidade da interpretação de quem a faz. Comentar algo sobre a vida de alguém é uma coisa, emitir juízo de valor sobre ela é outra. Dizer que o chefe do escritório está trabalhando demais e tem apresentado sinais de *stress* é uma coisa; mas insinuar que ele fica no escritório porque, provavelmente, está brigado com a mulher, e ainda por cima, desconta isso nos funcionários é outra totalmente diferente, convenhamos.

Aliás, ambientes de trabalho são um caldo de cultura ideal para o crescimento da fofoca. Nesse caso, fofoca é como *stress*: não dá para evitar, mas dá para administrar. As empresas modernas estão muito interessadas em gerar bom clima organizacional, o que equivale a ter um ambiente de trabalho saudável, em que as pessoas convivem em harmonia, colaborando umas com as outras. O coleguismo ultrapassa a relação profissional, ainda que não se transforme necessariamente em amizade. Há discordâncias, mas também há respeito. Nesse tipo de ambiente, se houver fofoca, ela não será destrutiva. Mas quando as funções se sobrepõem, e o que deveria ser colaboração transforma-se em competição, é quase inevitável que a fofoca venha na garupa dos cavaleiros do apocalipse corporativo.

O psiquiatra Ângelo Gaiarsa não foi um Machado de Assis, pelo menos na literatura, mas foi um estudioso da alma humana.

Polêmico, não se limitava aos temas clássicos da psicologia acadêmica, tanto que, entre os assuntos de seu interesse que se tornaram livros, encontramos um curioso *Tratado geral sobre a fofoca.* Deixemos o Complexo de Édipo para Freud. Gaiarsa interessava-se pelo cotidiano das pessoas, a um tempo, rico e mesquinho. Ele nos informa, por exemplo, que sua observação detectou que apenas 20% das informações trocadas entre as pessoas em qualquer ambiente têm realmente alguma utilidade. O restante é futilidade, é falar por falar e, nesse conjunto, a fofoca reina soberana. Pertencem ao mesmo grupo atitudes como falar do chefe, da mulher do amigo ou da Angelina Jolie, sugerindo que todos eles não são o que parecem ser e que são o que tentam esconder.

Então fofocamos 80% do tempo? Pode até ser, mas outro estudo dá conta de que desse tempo apenas 5% ou menos é utilizado para fazer fofocas negativas, aquelas que realmente podem prejudicar alguém. A maior parte das fofocas, então, é inócua. O problema é que o poder destrutivo daquela pequena parcela lembra a energia contida no urânio enriquecido.

Uma fofoca é como o vento. Passa, mas vai deixar alguma consequência. Se for apenas um ventinho, a consequência nem será sentida, mas se for um vendaval, pode deixar um rastro de destruição. Há fofocas que parecem brisas, servem até para refrescar um ambiente tenso, funcionam como um momento curioso, engraçado, e até ajudam a relaxar. Mas aquelas que parecem um

furacão do Caribe abalam as estruturas das relações, prejudicam carreiras, acabam com amizades.

Se, por um lado, a fofoca que se origina da curiosidade natural que as pessoas têm umas sobre as outras as leva a fazer comentários, por outro, pode ultrapassar o limite do impessoal e chegar ao território do particular. Dizer que fulana ficou bem com o novo corte de cabelo e que beltrana está emagrecendo não prejudica ninguém. Pior seria ninguém notar o novo visual, porque isso significaria que a pessoa simplesmente não tem importância. Portanto, a fofoca nem sempre tem uma conotação ruim ou destrutiva.

Mas às vezes a fofoca visa revelar pecados – quem não os tem? E o pior é que esses pecados podem ser reais, mas também podem ser apenas imaginários. Fofocar sobre o caso que a colega está tendo com um homem casado pode prejudicar a imagem dela, com repercussões no seu trabalho, em suas amizades e até em sua família. Se ela estiver tendo tal caso, isso pertence ao mundo emocional dela, e ninguém tem o direito de julgar. E se não estiver, tal fofoca transforma-se em falsidade, e a difamação que advém disso pode gerar até processo judicial.

Gaiarsa nos alerta para o fato de que sempre estaremos ligados a fofocas, seja como vítimas, seja como agentes. E se há uma possibilidade, ainda que pequena, de sermos menos vítima, o caminho é sermos menos agente. Parece que as pessoas sentem mais culpa em comentar a vida daqueles que não se metem na

vida de ninguém e, ao contrário, não só as preservam como as defendem. Em outras palavras, quem não quer ser vítima de fofoca, que não fofoque.

Esse alerta vale tanto para homens quanto para mulheres. Não se enganem as mulheres nem se ufanem os homens. Ambos fofocam. Podem variar o foco e a intenção, mas o princípio é o mesmo. Essa é uma injustiça que se pratica com o sexo feminino e que precisa ser reabilitada, pois o que acontece é que as mulheres são mais autênticas, e admitem que aquele comentário é exatamente o que é, uma inocente fofoca. Já os homens travestem seus comentários maldosos com a roupagem pomposa das observações colaborativas ou com a fantasia colorida do gracejo masculino. Mas, no fundo, tudo é fofoca, vamos ser honestos.

Aliás, alguns conhecidos machos não só transformaram a fofoca em profissão, como ainda a alçaram à condição de um modelo particular de jornalismo. Foi no Rio de Janeiro dos anos dourados – década de 1950 – que o jornalista Ibrahim Sued criou, no jornal *Vanguarda*, sua coluna diária, que recebeu o sugestivo nome de *Zum-zum*, numa alusão direta ao rumor, a coisas que se estão falando por aí, ao que a sociedade está dizendo, enfim, à fofoca. Tal coluna foi publicada entre 1951 e 1995, ano do falecimento do colunista, e alcançou a incrível marca de mais de 15 mil publicações.

A *Zum-zum* não perdoava ninguém. Funcionava como uma espécie de consciência do brasileiro que começava a se entender

como protagonista da construção de uma nação. O Rio de Janeiro, ou *Belacap*, como preferia o Ibrahim, era vigiada pela imensa rede de "fontes" que o colunista criou, e atuava em todas as áreas, dos acontecimentos sociais aos fatos políticos, dos eventos culturais aos problemas sociais. Durante todas essas décadas Ibrahim foi lido, admirado, temido e odiado – provavelmente em proporções iguais. E acabou criando um estilo jornalístico que foi seguido – e ainda é – por dezenas de outros colunistas que ajudam, entre outras coisas, a controlar os excessos especialmente dos que detêm algum poder, seja político, econômico ou artístico. Era bom sair no *Zum-zum*, mas pelo motivo certo, é claro.

Cuidado com a fofoca. A filosofia do "falem mal, mas falem de mim" cobra seu pedágio. É melhor ser referência de fatos construtivos, ainda que ninguém esteja livre de uma intrigazinha, especialmente quando o sucesso pessoal funciona como ofensa a outro. Aí, paciência. Como dizia o Ibrahim Sued: "Os cães ladram, e a caravana passa".

11 O PODER DO DIÁLOGO

O diálogo com os outros começa pelo diálogo consigo mesmo, e significa a justaposição das ideias, da fricção entre valores, do choque dos desejos, da priorização das necessidades. Sempre haverá dois, ainda que dentro de um.

Depois de muitos anos encontrei a Roberta. Amiga de primeira hora na minha chegada a São Paulo há mais de dez anos, ela e seu marido Cláudio foram importantes para me ajudar a perceber que eu poderia criar relações e raízes nesta cidade. Com o tempo fomos perdendo contato, à medida que nossos trabalhos foram ganhando dimensão e espaço, mas ficou aquela sensação gostosa da amizade e do carinho, revelados pelas lembranças de muitas conversas. Ambos eram bons de papo.

– E aí Roberta, quanto tempo não é mesmo? Como é que vai a vida? E o Cláudio, como está? – disparei, perguntando várias coisas ao mesmo tempo, marca registrada dos encontros após longas separações.

– Eu vou bem, trabalhando muito, terminei o mestrado – e emendou uma explicação sobre sua dissertação. Eu sempre a tive na conta de uma pessoa muito inteligente e focada; não tinha dúvidas sobre seu sucesso acadêmico. Ela falava com entusiasmo de suas atividades, mas nenhuma palavra sobre sua vida pessoal, seu casamento.

– Parabéns, menina, eu sabia que você iria para o topo. Mas e o Cláudio? Ainda está na mesma empresa? Continua jogando bola?

– Pra dizer a verdade, não sei o que ele anda fazendo; estamos separados há mais de um ano. Ninguém te contou?

Não, ninguém me havia contado, até porque não tínhamos muitos amigos em comum. Mas aquela notícia teve em mim um efeito estranho, foi como se alguém me contasse da queda de uma instituição. Eu considerava a relação deles muito boa, um exemplo.

– Puxa, que pena. Mas o que aconteceu, vocês sempre foram tão unidos; ou pelo menos pareciam ser.

– Não sei bem, só posso te dizer que, com o tempo, as coisas foram mudando, até que sentimos que não tínhamos mais diálogo. Enquanto nós conversávamos sobre nossos planos e sobre

nossos dilemas pessoais, a coisa ia bem. Quando paramos de falar, de abrir o peito, de juntar os corações, o caldo desandou. Preferimos nos separar antes que acabasse o respeito, já que o amor parece que tinha ido embora. Eu também acho que foi uma pena, mas posso te dizer que foi bom enquanto durou.

A querida Roberta, com seu cérebro estruturado pelo pensamento acadêmico, acabou por fazer uma rápida análise técnica do fim de sua relação: "Foi bom enquanto durou, e acabou por falta de diálogo". É duro dizer se o amor se dissolveu pela falta de diálogo ou se este se rarefez pela volatilização daquele.

A lição que fica dessa história é que o diálogo, a comunicação, a abertura dos corações – no dizer da Robertinha –, seja sintoma ou causa, merece atenção especial, pois pode ser o remédio para todos os males das relações humanas, uma vez que ele permite clarear as ideias, os sentimentos, os sonhos e também as mágoas, que só podem ser resolvidas se forem trazidas à luz, se se fizerem claras, evidentes, se for construída uma ponte para ligar almas.

Essa ponte é o diálogo. De repente me lembrei de um poeminha que cometi há muitos anos, quando fui paraninfo de uma formatura: "Escolha ser uma ponte, caro jovem, nunca um muro/ Pontes unem, muros separam/ Pontes colocam corações a dialogar/ Muros emudecem as intenções e debilitam almas/ Escolha ser uma ponte para alcançar o futuro/ Uma simples ponte. Seja uma ponte que mostre o caminho do amar".

Não, o diálogo não perdeu importância no mundo atual, veloz, globalizado, tecnológico, cibernético, blogueiro, twiteiro. Só que ele tem sido, aparentemente, menosprezado por quem acha que ele não combina com a modernidade e, principalmente, por todo o homem ou mulher que colocou, por sua culpa ou não, a pirâmide dos valores humanos de cabeça para baixo.

– A um monólogo com você, prefiro um diálogo comigo mesmo!

A frase-desabafo pode ser uma piada, ou parte dela, mas contém uma verdade, pois não é incomum que aquilo que parece ser um diálogo – duas pessoas conversando –, na verdade, seja um discurso unilateral, em que um dos dois fala e o outro apenas ouve. Ainda que isso às vezes seja necessário, não estamos diante de um diálogo.

Saber dialogar é mais do que saber falar. Dialogar pressupõe ouvir e analisar, antes de responder. "Dialogar é saber ouvir sem julgar, sem tomar posição imediatamente. É saber respeitar, incluir, usar os filtros mentais adequados. Dialogar é não tomar partido, definir o que está certo ou errado, não excluir aquilo que não faz parte da minha visão pessoal", diz a coordenadora da Escola de Diálogo de São Paulo, Lamara Bassoli.

Você não sabia, mas – incrível – existe uma instituição destinada a ajudar as pessoas e as empresas (que nada mais são do que conjuntos de pessoas) a recuperar a capacidade de dialogar e, com base nisso, promover a "transformação das

experiências humanas e a ampliação da consciência", na visão de seus fundadores.

"Dialogar é prestar atenção, é uma religação consigo mesmo, com o outro, com o ambiente, com a natureza", continua a psicóloga, que fala com doçura, sempre olhando nos olhos de seu interlocutor.

Pode parecer estranho ter que haver uma escola para ensinar o diálogo, mas a ideia não é exatamente nova. A educação dos jovens na Antiguidade – leia-se Grécia – já pensava nisso. Educar era – e ainda é – a maneira de estimular os jovens a viver autonomamente e a colaborar com a pólis (a sociedade), que, na época da Grécia antiga, se concentrava na vida da cidade.

Nas cidades-Estados gregas havia um espaço destinado exclusivamente à prática do diálogo: a Ágora, o local para as trocas, para o exercício da política, do comércio, das ideias em geral. A Escola do Diálogo tem um espaço semelhante, destinado a promover o diálogo livre, rico, respeitoso, estimulante.

Na Antiguidade, quando a formação dos jovens começou a se transformar em uma atividade social de maior importância, o estudo foi dividido em dois grandes capítulos: o das Habilidades Ocupacionais, que procurava dar ao jovem um ofício, uma competência técnica, operacional, artesanal, algo com certo caráter científico, que lhe permitia ser o que hoje chamaríamos de empresário, empreendedor ou técnico especializado.

O outro capítulo, destinado principalmente aos jovens das classes privilegiadas, era composto pelas Artes Liberais, um conjunto de estudos cujo propósito era o de prover os jovens de conhecimentos e habilidades que lhes permitiriam manejar com mais facilidade as necessidades do cidadão, do indivíduo que vive em sociedade e é capaz de usar sua influência para viver feliz produzindo o bem.

As chamadas Artes Liberais estavam divididas em dois capítulos: o *Trivium* e o *Quatrivium*. Estes, por sua vez, tinham suas disciplinas. O *Trivium* era composto por gramática, retórica e dialética. O *Quatrivium* se dividia em aritmética, música, geometria e astronomia.

Perceba que o *Trivium* tinha a finalidade de desenvolver o homem como ser estruturado para a comunicação. A gramática nos ensina a lidar com as palavras, com a lógica na construção das frases, a beleza da linguagem. A retórica é a arte do falar, do discurso, da externalização das ideias. Já a dialética pressupõe a contraposição das ideias como meio para a elevação do pensamento.

Em outras palavras, você estará preparado para viver em sociedade, para usufruir dela e para colaborar com ela, quando souber organizar suas ideias, quando tiver a habilidade para explicá-las e, claro, quando estiver preparado para ouvir o discurso do outro.

Só depois de estarem prontos para o diálogo, é que os jovens estudantes eram apresentados às teorias dos números, da

matéria e do espaço, mediante as disciplinas do *Quatrivium*. Primeiro o homem, depois a ciência. O pensamento precisa do número, mas o número se perde em uma mente não preparada. E tal preparo vem da capacidade de análise, de síntese e dedução. A indução vem depois.

Como se vê, dialogar é fundamental para a própria condição humana. O diálogo com os outros começa pelo diálogo consigo mesmo, e significa a justaposição das ideias, da fricção entre valores, do choque dos desejos, da priorização das necessidades. Sempre haverá dois, ainda que dentro de um. E onde há dois surge a oportunidade do diálogo, do engrandecimento pelo compartilhar, do enobrecimento pelo aceitar, da humildade pelo aprender.

Se olharmos mais de perto veremos que o diálogo é a essência da vida, considerando que a vida é um conjunto de interações. Em seu livro *A segunda criação*, o biólogo inglês Ian Willmut, famoso por ser o "pai" da ovelha Dolly, o primeiro mamífero gerado pelo processo de clonagem, descreve o diálogo como sendo fonte de vida:

> Os genes não operam isoladamente. Eles estão em diálogo constante com o restante da célula que, por sua vez, responde a sinais de outras células do corpo que, por sua vez, estão em contato com o ambiente externo. Quando esse diálogo não se processa corretamente, os genes saem de controle, as células crescem desordenadamente, e o resultado é o câncer.

É interessante a visão do geneticista: o câncer é resultado da falta de diálogo. Pode ser o câncer orgânico, tumoral, mas também o câncer social, das relações, que mata igualmente, se não um organismo, uma relação, uma amizade, um negócio, um casamento. Como foi o caso de meus amigos Roberta e Cláudio, ambos ótimas pessoas. Pena que o diálogo deixou de participar dessa relação, que deve ser a três para que pareça um só.

12 O COMPANHEIRO E A VIDA

Companheiros compartilham do mesmo pão. Não importa se o pão é fresco, macio e abundante ou se está endurecido, passado e escasso. Companheiros compartilham o que têm, o pão e os sonhos; o presente e o futuro.

Certa vez Tom Jobim cantou: "Vou te contar, os olhos já não podem ver, coisas que só o coração pode entender, fundamental é mesmo o amor, é impossível ser feliz sozinho...".

Com todo respeito pelo maestro, acho que ele exagerou um pouquinho na última frase. Nela ele condiciona a felicidade a não se estar sozinho, entretanto, a recíproca pode ser igualmente verdadeira, ou seja, uma pessoa que irradia felicidade tem mais chance de ter alguém a seu lado.

Mas, posta esta ressalva, vamos dar um crédito ao Tom e concordar que, quando se tem alguém ao lado, tudo fica mais fácil, mais seguro, mais completo, mais divertido. Só que – e este condicional é importantíssimo – não pode ser qualquer "alguém", tem de ser um "alguém" a quem se possa, sem medo de errar, chamar de companheiro, ou companheira.

Companheiro é uma palavra que vem do latim *cum panis*, e refere-se a alguém com quem dividimos o pão. Companheiro é uma pessoa em quem confiamos o suficiente para nos sentarmos com ela à mesma mesa e compartilharmos uma refeição, lembrando que não é só a comida que nos alimenta, mas também as ideias, os saberes, os valores e os planos. Ter um companheiro significa compartilhar esse conjunto de coisas, tudo o que nutre nosso corpo, nossas emoções, nossos pensamentos e, principalmente, nossos sonhos. E, então, parodiando o maestro: Vou te contar, quando a noite vem nos envolver é muito bom estar ao lado de um companheiro.

Acompanhe esta história: apesar de ser incrivelmente inteligente, John apresentava muita dificuldade para lidar com os fatos do cotidiano, um dos sintomas da esquizofrenia de que era portador. Ele era considerado uma revelação em matemática, havia concluído sua graduação com louvor na Universidade de Princeton e, aos 23 anos, chegava ao prestigioso Instituto de Tecnologia de Massachusetts (MIT) como professor, apesar de continuar desencaixado do mundo real.

Mas no MIT ele conheceu Alicia, uma jovem estudante de física, e então sua vida começou a mudar. Quando, anos depois, recebeu o prêmio Nobel de ciências econômicas por seus trabalhos relacionados à Teoria dos Jogos, John subiu ao pódio para seu breve discurso, e ele o dedicou a uma pessoa: à sua companheira Alicia, sem a qual, segundo ele, nenhuma de suas conquistas teria sido possível. Seu gesto foi justo, pois ela havia lhe dado todo o suporte, emocional e prático, liberando assim sua inteligência para ser adequadamente aplicada à ciência. Esse discurso é o ponto culminante do filme *Uma mente brilhante*, com Russell Crowe no papel de John Nash.

John e Alicia Nash não configuram um caso isolado. Sua história é apenas uma entre milhares de outras exploradas pelo cinema e pela literatura que se referem à força da parceria que um casal pode ter. É sim uma história de amor, mas mostra que este não é um assunto restrito ao romance entre duas pessoas; ele tem um caráter muito maior, em que destinos são influenciados, para o bem ou para o mal.

Pessoalmente, acredito fortemente na influência que um companheiro tem na vida de uma pessoa. E digo isso por experiência própria.

Casamentos podem ser com papel ou sem papel, com alguém do outro sexo ou do mesmo, entre pessoas de mesma nacionalidade ou que se criaram em lados opostos do mundo, entre fiéis da mesma ou de outra religião, que têm a mesma cor

de pele ou não, que torcem pelo mesmo time ou por times rivais, que têm a mesma idade ou nem são da mesma geração. O que importa não são essas coincidências. O que importa é se são companheiros de verdade.

Em um casamento, considero que haja três possibilidades de parceria. A primeira é quando o casal tem um projeto comum; a segunda é quando um se engaja no projeto do outro; e a terceira é quando ambos têm seus projetos próprios, mas um colabora com o projeto do outro. É mais fácil verificar isso no âmbito das carreiras, então, vejamos.

Primeiro tipo de parceria: ter um projeto de carreira comum. Isso é maravilhoso, mas é o mais complicado, pois pressupõe mais contato, e, como consequência, maior superfície de atrito. Acontece com os casais que trabalham juntos, o que é mais comum do que se imagina. Vivemos uma época em que os bons empregos não estão caindo das árvores, o que leva as pessoas, especialmente as mais ambiciosas, a empreender seus próprios negócios. Em outras palavras, a criar seus próprios empregos.

E, nesse caso, é comum o casal resolver trabalhar junto, dividindo as tarefas, as responsabilidades e os resultados. Luiz Felipe e Gisela são um bom exemplo disso. Eu os conheci há mais de uma década quando ainda estavam buscando consolidar sua empresa de cosméticos em Curitiba. Lembro de o Luiz Felipe ter-me dito uma vez, com seu jeito brincalhão: “Fazemos tudo em

par. Trabalhamos, sonhamos, viajamos, estudamos, brigamos e até dormimos juntos". Hoje sua empresa tem sucesso nacional, e eles continuam fazendo tudo juntos.

Segundo tipo de parceria: engajar-se no projeto do outro. Acaba tendo um efeito parecido com o do primeiro tipo, pois o projeto que era de um passa a pertencer a ambos. Foi o caso de Yves e Pierre. O jovem Yves tinha recém-voltado a Paris, após servir o exército na guerra da independência da Argélia, e queria retomar a carreira de estilista que tinha começado anos antes na casa Christian Dior. Só que agora com seu próprio estilo e com seu nome, então criou a marca YSL, ou Yves Saint Laurent. A ideia, o nome, o talento eram seus, mas ele não teria chegado ao tapete vermelho da alta costura francesa e mundial se não tivesse contado com seu parceiro Pierre Bergé. Foi ele quem deu o apoio financeiro e a estrutura empresarial, foi responsável pela gestão, pela estratégia e pelo marketing. O projeto era de Yves, mas Pierre embarcou nele e o tornou possível.

A relação afetiva entre ambos durou 15 anos, mas a parceria profissional durou 45, até a morte de Saint Laurent, em junho de 2008. A ele o mundo da moda deve a introdução do *smoking* feminino, que popularizou o uso das calças compridas para mulheres, e também foi YSL que deu à moda *prêt-à-porter* um caráter mais popular sem perder o *glamour* da alta costura.

Terceiro tipo de parceria: casais em que um apoia o projeto do outro. Em uma sociedade competitiva, que se constrói pela

força do conhecimento, não é incomum o marido e a mulher construírem carreiras brilhantes em áreas de atividades diferentes, mas igualmente exigentes em relação ao estudo e ao preparo. É o caso da Joyce e do Daniel. Ela, dentista conceituada, estudiosa, antenada, autora de um livro sobre odontologia geriátrica. Ele, executivo cobiçado pelas empresas de tecnologia, poliglota, conhece como poucos o mundo *high-tech* e dos negócios que resultam dele. Suas áreas profissionais são diferentes. Em comum, mesmo, só os gêmeos Pedro e Gustavo, e o projeto para mais um filho. Mas é bonito ver como um se interessa pela carreira do outro, como estimula, torce, sofre, se orgulha.

Parceiros são assim, estão juntos para dar força um ao outro, para compreender, para aconselhar, para abraçar, alegrar-se, chorar junto. Como já disse, não é importante que ambos torçam pelo mesmo time, mas ambos têm de torcer.

Companheiros compartilham do mesmo pão e não importa se o pão é fresco, macio e abundante; ou se está endurecido, passado e escasso. Companheiros compartilham o que têm, o pão e os sonhos; o presente e o futuro.

Aliás, este assunto também foi tema da mitologia e da poesia, ou de ambas ao mesmo tempo. Uma das mais belas abordagens é aquela em que um anjo pergunta a Deus por que Ele havia criado os Homens com "aquele defeito".

– Que defeito? – perguntou o criador, com brandura.

– Bem – disse o anjo –, eu reparei que as pessoas só têm uma asa, e não duas como nós, e sabemos que são necessárias duas para voar. Então parece que eles nasceram defeituosos.

– Acontece, querido anjo – explicou Deus com um sorriso compreensivo –, que cada homem e cada mulher têm, sim, duas asas, só que uma está consigo e a outra está em outra pessoa. Eu os fiz assim para que eles aprendessem a voar em pares e, assim, conseguissem chegar mais alto e também para que conhecessem os verdadeiros valores divinos, como o amor, o sonho e a felicidade. Além disso – continuou –, dessa maneira eles também aprenderão a respeitar e a cuidar uns dos outros. Qualquer pessoa que magoe outra poderá machucar sua outra asa, e assim ficará impedido de voar. Só pelo amor, nunca pelo ódio, se aprenderá a voar pela vida, aproveitando toda a maravilha que ela tem para oferecer.

13 O PERDÃO LIBERTA QUEM PERDOA

Sem considerar a justiça, o perdão é obsceno; sem contemplar o perdão, a justiça é malévola; afinal, a justiça é uma necessidade e o perdão, uma possibilidade.

A não ser que você seja um anjo imaculado e habite uma dimensão celestial, longe das imperfeições e das mazelas humanas, você já teve de perdoar alguém e também já precisou ser perdoado.

Eu diria que é improvável cruzar a vida sem prejudicar e ser prejudicado, magoar e ser magoado, decepcionar e ser decepcionado. Com ou sem intenção, nas relações humanas esses verbos malquistos algum dia acabam sendo conjugados. E, nesses casos, o substantivo "perdão" tem de ser chamado a compor o texto, senão a vida não completa sua sintaxe.

O perdão é, sim, um importante meio de obter paz de espírito, ainda que não seja o único. Mas como todos os outros recursos que pavimentam o caminho que leva ao estado de graça interior – que, por sua vez, permite ao humano usufruir da tranquilidade de conviver consigo mesmo – o perdão verdadeiro é difícil de ser praticado.

Perdoar é o ato de libertar o outro da culpa, mas é mais que isso. Em sua função libertária, o perdão liberta quem o pratica. É um ato de grandeza de espírito, que representa, acima de tudo, uma doação.

For-give, vor-geben, per-dón. Praticamente em todos os idiomas a palavra perdoar obedece a sua origem do latim vulgar *perdonare*, formada pela junção do prefixo *per* (através de) com a palavra *donare*, que representa o ato de doar ou, melhor ainda, dar-se.

Perdoando a pessoa doa o que há de melhor em si mesma – a compreensão, a compaixão e a esperança. "Você me ofendeu e me magoou, e eu compreendo que você falhou porque é humano, compadeço-me por seu arrependimento e tenho a esperança de que isso não se repetirá. Por isso o perdoo." Simples e belo. Mas... sempre possível? Essa dúvida é o verdadeiro dilema existencial do perdão.

"Errar é humano, perdoar é divino." No entanto, o ditado está um pouco ultrapassado. Há tempos que o conceito de perdão abandonou o céu angelical para vagar em terra mundana. O principal motivo é que, sem ele, a vida em comunidade não seria possível, pois

cada ofensa geraria uma inimizade. O perdão não é apenas uma atitude, é uma qualidade necessária à elevação do espírito, como demonstram várias áreas do pensamento humano que já se debruçaram sobre ele, como a filosofia, a psicologia e a religião.

Na Bíblia o perdão é tema recorrente. No Velho Testamento, em Levítico (16:29-31), encontramos que Moisés institui um dia dedicado à purificação dos pecados. Considerado como um "estatuto perpétuo", essa data é respeitada pelos judeus, que a chamam Yom Kippur – o dia do perdão. A importante ocasião ocorre logo após o Rosh Hashanah – o ano-novo judeu. Pedagógica correlação, pois esclarece que não se deve iniciar um novo ciclo sem perdoar e obter o perdão.

Moisés havia subido o monte Sinai para ter um encontro com o Divino, de quem recebeu as tábuas que contêm os Dez Mandamentos. Ao descer, a decepção. Encontrou os hebreus adorando uma imagem de um bezerro, ignorando seus conselhos de que só deveriam adorar a Deus. Em sua revolta, atirou as tábuas ao chão, quebrando-as, e não lhe restou saída senão voltar à montanha e pedir a Deus novas tábuas, implorando-lhe, também, o perdão.

Ele então instituiu aquele data para marcar o perdão concedido pelo Senhor à iniquidade de seu povo e à sua própria ira. As orações e o jejum praticados no dia do perdão, além do compromisso de o ofensor não mais cometer as transgressões novamente, são alguns dos passos seguidos por aquele que quer limpar suas mágoas para começar o novo ano purificado.

Foi nesse dia que a noção de perdão foi pela primeira vez esboçada como um importante valor humano. Mais tarde, também foi ali, nas raízes judaicas, que o cristianismo brotou. O "Pai-nosso", a oração mais importante entre os cristãos – que teria sido ensinada pelo próprio Cristo –, considera o perdão uma forma de estabelecer a relação com Deus e com os homens.

"Perdoai nossas ofensas assim como perdoamos a quem nos tem ofendido", diz uma passagem, antes de pedir força para evitar as tentações e proteção contra os infortúnios da vida. Sim, o perdão precede o poder e a segurança.

Entre os filósofos, o perdão também é tema ancestral. Foi assunto de simpósios, encontros em que, entre goles de vinho, os antigos gregos se punham a discutir as grandes questões que inquietam o espírito humano, como a morte, a coragem e o amor. "Só quem tem a capacidade de perdoar conquista o direito de julgar", disse Sócrates em um desses momentos de sabedoria e embriaguez em que a civilização ocidental foi gestada.

Contemporâneo de Cristo, o romano Sêneca introduziu o perdão na esfera do Estado. Em sua obra *Tratado sobre a clemência*, o tutor de Nero apresentou a arte de perdoar como a principal arma para o governante lidar com a justiça e firmar-se como estadista. Segundo o filósofo, praticar atos clementes seria exercitar a temperança do gênio, a tranquilidade do espírito e a virtude do erudito. O perdão real possibilitaria a coesão do Estado

na sociedade, atendendo às diferentes vontades das classes, ao mesmo tempo que serviria como excelente instrumento jurídico, permitindo a aplicação da pretensa justiça com moderação. Apesar disso, ele mesmo foi vítima da falta de perdão. Desconfiado de sua traição, Nero o condenou à morte.

Depois de muitos séculos e de muitas reflexões e textos sobre o assunto, a filósofa alemã Hannah Arendt, que migrou para os Estados Unidos em virtude da ascensão do nazismo, escreveu em seu livro *A condição humana* que o perdão é uma resposta libertária:

> [O perdão] é a única forma de reação que não "re-age" apenas, mas age de novo e inesperadamente, sem ser condicionada pelo ato que provocou e de cujas consequências liberta tanto quem perdoa quanto o que é perdoado [...] é a liberação dos grilhões da vingança.

Com essas palavras ela faz uma conexão com a psicologia, que busca a qualidade do pensamento e a calma das emoções, e diz que perdoar faz bem porque livra a pessoa das amarras do ódio e da injustiça. Perdoar beneficia quem é perdoado, mas favorece principalmente quem perdoa. Perdoar é uma atitude, mas, primeiro é um "sentimento". Antes de perdoar com as palavras, é necessário perdoar com a mente e com o coração, caso contrário o efeito não é o mesmo, fica pela metade, torna-se falsidade. É preciso coragem para perdoar de verdade.

É de autoria de Freud o notável texto "Repetição, lembrança, translaboração". Nele, o pai da psicanálise propõe que o inconsciente, que aprisiona a pessoa no passado e não permite que ela conviva em harmonia com o presente nem consiga ver esperança no futuro, seja examinado com coragem e grandeza suficientes para produzir o mais importante dos perdões: o perdão a si mesmo.

A verdadeira questão filosófica do perdão é a opção de aplicá-lo. Mais importante que perdoar é decidir perdoar com convicção, o que implica visitar os princípios da justiça.

No casamento da filha, meu amigo José Ernesto protagonizou um dos mais comoventes momentos que eu já tive a oportunidade de presenciar. Ao dizer aos noivos o que ele lhes desejava, aconselhou: "Sempre que possível escolham o perdão. Sempre que necessário escolham a justiça".

Em duas frases ele sintetizou a essência das relações humanas que valem a pena. As relações devem ser dotadas de valores, não apenas de objetivos comuns. Quando as pessoas se juntam apenas por motivos utilitários, remetem sua relação à época dura das cavernas, em que tudo era permitido em nome da sobrevivência. Casamentos, amizades, empresas, agremiações políticas – qualquer tipo de encontro entre pessoas tem um objetivo que as mantêm unidas. Porém, se apenas isso as une – objetivos, metas, destinos –, as pessoas não serão pessoas, mas meros

componentes de uma engrenagem mecânica. Ao humano, competências conferem utilidade, valores providenciam dignidade.

Não há vida digna sem justiça, e o perdão é parte dela. Parte. Perdão não é justiça. Perdão é decorrente da justiça. E praticar justiça remete a pessoa à tarefa de julgar, provavelmente a mais ingrata das missões humanas, pois significa entender os motivos de quem fez o que fez, considerar os efeitos do que foi feito e decidir sobre a pena justa e conveniente, que pode ser, entre outras, o perdão.

É possível perdoar o assassino frio, o estuprador impiedoso, o corrupto contumaz? É justo perdoar o juiz da Inquisição, o patrocinador do Holocausto, o instaurador do *Apartheid*? Ora, sem considerar a justiça, o perdão é obsceno; sem contemplar o perdão, a justiça é malévola. Afinal, a justiça é uma necessidade, o perdão, uma possibilidade.

Ainda assim, mesmo considerando que seja pesado julgar, é difícil ponderar os fatos envolvidos, é doloroso relevar mágoas, impossível esquecer ofensas, o ato de perdoar é grande, digno e belo. Pois, ao julgar alguém, é conveniente fazer algum julgamento de si mesmo, para, ao perdoar o outro, guardar para uso próprio um pouco do perdão. Porque você, eu, qualquer um, se viveu uma vida, precisará ser perdoado por não tê-la aproveitado melhor.

14 O AMOR RACIONAL

Sim, o amor é um sentimento, mas há um componente lógico na sua construção e na sua manutenção.

Há uma descrição do cérebro humano que é bem simples e muito didática. Segundo ela, nós não teríamos um cérebro só, mas três; ainda que também pudéssemos dizer que são três partes do mesmo órgão, e essas partes têm funções diferentes, porém muito complementares. Nosso cérebro seria uma espécie de "três em um", um conjunto de estruturas que são chamadas a agir em função das diferentes situações que a vida nos oferece.

O primeiro cérebro, que foi o primeiro a surgir na evolução do Homem, chama-se *sistema reptiliano* por ser uma herança de bichinhos simpáticos como os crocodilos e os dinossauros. Suas funções estão inteiramente ligadas com os instintos de sobrevivência física, como comer, economizar energia, esconder-se,

fugir e também gerar o impulso sexual, pois dele depende a sobrevivência da espécie.

O segundo cérebro chama-se *sistema límbico*, é bem mais novo que o anterior, e tem sob sua jurisdição os sentimentos e as emoções. Graças a ele somos capazes de amar, odiar, sentir medo, raiva, saudades, prazer, ambição, ciúmes. Esse cadinho de sensações que no faz sentir bem ou mal, gozar com a vida ou sofrer por causa dela. Sem dúvida, o surgimento dessa qualidade emocional nos diferenciou de muitos animais, como os répteis, que só têm instintos de sobrevivência física. Um jacaré é incapaz de amar e odiar, ele só quer viver. Não sabe o que está perdendo, o bobinho.

O ser humano, e apenas ele – pelo menos com essa configuração –, tem o terceiro cérebro, chamado *córtex cerebral*. Uma fina camada que recobre todo órgão (córtex significa casca) e que concentra a maior quantidade de neurônios existente na natureza. E é nessa camada que se realiza o fantástico conjunto de reações químicas que convencionamos chamar de pensamento, lógica, razão. Essa é a parte que gosta de dizer que está no comando, afinal, vivemos em um mundo que valoriza a lógica.

Então o amor, esse sublime sentimento que embala nossos sonhos, acalenta nossas noites, alegra nossos dias, que faz sorrir os mais sisudos e que transforma a vida em algo que vale a pena, é função exclusiva do sistema límbico, a camada intermediária, superior aos instintos, mas inferior ao pensamento, certo? Errado!

O amor pode começar ali, mas ultrapassa esses limites e contamina todo o cérebro, pedindo a participação de nossa parte mais primitiva, animal, e de nossa função mais desenvolvida, racional. Sem essa ajuda, o amor não se sustenta, deixa de ser um prazer e passa a incomodar como um corpo estranho, isso quando não escoa pelas narinas do tempo, como simples coriza.

Como todos os mortais, já nadei nas praias da vida e surfei nas ondas do amor e da paixão. Já peguei agradáveis e emocionantes *swells*, mas já quebrei a cara em recifes traiçoeiros. A paixão sempre me pareceu ser uma onda ótima, mas descobri que ela em geral tem um paredão por baixo que a gente não vê.

Já me apaixonei pela pessoa errada, sim. Por que ela era a pessoa errada? Bem, porque seus valores eram outros, e porque seu estilo de vida não combinava com o meu, pelo menos não naquela fase de minha vida. A cobrança era muito grande, bem maior do que minha capacidade de atender. Esse desequilíbrio deu origem a uns tombos que machucaram a alma. Só que a paixão era grande e eu levei tempo para compreender a realidade.

O sistema límbico estava podendo, mandando em tudo dentro de mim. O córtex, coitado, estava cochilando, amortecido pelo prazer narcótico da paixão. Só quando ele acordou e tomou controle da prancha é que eu evitei os recifes pontiagudos da decepção amorosa. A relação terminou, e foi sofrido terminar. Mas hoje, de cabeça fria, fica claro que foi a melhor, se não a única

solução existente. Esse é apenas um exemplo de como o sentimento, quando não é auxiliado pela razão, pode provocar mais sofrimento que felicidade.

Mas eu prefiro mesmo é falar da situação oposta, quando a razão e a emoção estão em sintonia. Aliás, lembro de ter ouvido do psiquiatra Paulo Gaudêncio exatamente esta frase: "A felicidade acontece quando a razão e a emoção se encontram na realização de uma atividade prazerosa". Belíssima observação do Gaudêncio, um médico que conhece a alma humana porque é um estudioso e porque é um homem sensível. Razão e emoção, quando se encontram na mais agradável de todas atividades, o amor, surge a glória.

Entretanto, o amor é um sentimento maravilhoso mas frágil. Lygia Fagundes Telles certa vez o comparou a uma bolha de sabão, e escreveu um conto com esse título. A escritora tem razão. Pense: uma bolha de sabão é uma coisinha esférica, brilhante, belíssima, com cores que se alternam. Flutua no ar e se eleva sempre como se estivesse em busca do infinito. Até que estoura... E por que ela estoura? Porque é sensível demais, frágil demais, leve demais. Muito mais sensível, frágil e leve que a realidade cotidiana, pesada e cheia de farpas cortantes. O amor é assim mesmo, e se não for cuidado, conservado ao abrigo das farpas cortantes, acaba por estourar mesmo, sem apelação.

Por isso eu gosto do substantivo feminino "intenção", um trissílabo terminado em *ão*, que significa a proposta de um ato, de um movimento deliberado – portanto racional – em direção

a um objetivo predefinido. A vida de uma pessoa é cheia de intenções, às vezes boas, às vezes más, quase sempre primeiras, mas eventualmente segundas. E quando a intenção se torna ação as coisas acontecem, as transformações se processam e o mundo segue seu curso evolutivo, que é resultante da subtração das más intenções das boas intenções.

Felizmente, no geral, as boas intenções predominam, mas precisamos observá-las no particular, em sua vida ou na minha, vida corriqueira de pessoas que só querem ser felizes. "Em minha vida", talvez você diga, "não há más intenções". É provável que não, mas coloque as coisas em outra perspectiva: a falta de boas intenções tem o mesmo poder destrutivo que a existência das más intenções.

Uma relação a dois é feita de amor, de intenção e de ação. O amor sozinho é uma bolha de sabão. A intenção sozinha é inócua. A ação sozinha pode ser destrutiva. O encontro dos três é o caldo de cultura do sucesso da relação.

Conheço uma legião de pessoas que se acomodaram na conquista. "Afinal, estamos juntos porque o amor no uniu", diz o incauto, "e ele nos manterá unidos", completa a imprudente. Não, o amor não sustenta, quem sustenta é a felicidade que vem dele, das ações que ele provoca e das coisas práticas da vida.

Lembro-me que ouvi bem, porque prestava atenção, um típico macho brasileiro afirmar que "a mulher" não se importaria

que ele chegasse tarde em casa, pois ela estaria ocupada tomando conta das crianças. Quando lhe perguntei quando ele tinha lhe mandado flores pela última vez, ele me olhou como se eu lhe tivesse feito uma pergunta sobre física quântica. E o último presente? Bem, esse foi mais fácil: "no Natal", disse, rindo o riso dos perfeitos patetas que se consideram espertos.

Para ser justo com os homens, também meus pelos do braço arrepiaram presenciando alguns comportamentos femininos. Vi uma bela morena em uma roda de bar, ser "sincera" com seu companheiro na frente dos amigos, deixando claro que eles se davam bem, mas que ele não era, em absoluto, "o amor de sua vida". Nunca havia visto uma "desdeclaração" de amor tão explícita. Eu teria ido embora, juro, e sem pagar a conta.

Qual é a intenção dessas pessoas que não colocam seu companheiro no primeiro lugar do pódio de sua vida? Que fruto espera colher um homem de uma árvore ressequida pela indiferença? Porque continua uma mulher ao lado de um homem a quem não dedica sequer suas melhores palavras?

O que pode fazer a razão em favor do amor é providenciar uma coleção de pequenos atos que, somados, conferem valor à relação e garantem sua longevidade. Experimente, meu caro, levantar mais cedo no domingo e preparar o café para sua mulher. E você, minha amiga, descubra o efeito de colocar bilhetes carinhosos na pasta de trabalho dele, ou dentro do livro que ele está lendo. Que tal organizar de vez em quando, e agora falo

para ambos, uma noite de amor como aquelas que a gente vê no cinema. Seja um Mickey Rourke em sua fase *Nove semanas e meia de amor*, ou uma Sharon Stone em sua melhor pose atrevida. O pastel de feira da vida precisa da pimenta da intenção do amor.

Não há nada mais sem graça do que uma relação que se acomodou. Para que manter uma pedra que perdeu o brilho e se tornou um granito opaco? Chega o fim, e é triste constatar que a maioria dos casamentos desfeitos são vítimas da rotina, mas esta não tem nada a ver com coisas que temos de fazer todos os dias, como levantar cedo, ir trabalhar, buscar as crianças na escola ou comprar pão na padaria da esquina. Estas são ações corriqueiras, normais, necessárias.

A rotina que mata o amor é a rotina do que não se faz. Da declaração de amor que deixa de ser feita, do elogio economizado à roupa simples do dia a dia, do sorriso sonegado ao acordar, da palavra de carinho roubada à despedida, da comemoração não feita em qualquer conquista, do boa-noite seco, sem um beijo, antes de dormir.

O amor não se sustenta sem a intenção de amar e da ação pequena, mas constante, de alegrar o outro com sua presença. Acredito que o amor é uma grandeza que não se sustenta com o tempo. Ou aumenta ou diminui. Qual é, afinal, sua intenção?

15 MEUS FILHOS NÃO SÃO MEUS FILHOS

Cuidar dos filhos é uma tarefa doce, mas às vezes pode ser um pouco amarga, se não estivermos preparados para assumir tal responsabilidade.

Paulo Freire dizia que tinha aprendido a ler antes de aprender a ler. É que antes de "ler as letras" ele já sabia "ler o mundo". "A leitura do mundo precede a leitura da palavra, e a posterior leitura desta não pode prescindir da continuidade da leitura daquele", escreveu. Na visão do mais importante educador brasileiro, quem não aprende a interpretar o que o mundo a seu redor tem a dizer terá muita dificuldade em compreender o que as palavras impressas em um livro querem transmitir.

Portanto, primeiro aprendemos várias outras linguagens antes de nos aventurarmos na linguagem escrita. E essa primeira

leitura quem nos ensina é a família, o lar a que nos foi dado pertencer. Há imensa beleza na descrição que o velho mestre faz de sua infância e do convívio familiar:

> Me vejo na casa mediana em que nasci, no Recife, rodeada de árvores, algumas delas como se fossem gente, tal a intimidade entre nós – à sua sombra brincava e em seus galhos mais dóceis à minha altura eu me experimentava em riscos menores que me preparavam para os riscos e aventuras maiores da vida que eu iria viver.

E continua:

> A velha casa, seus quartos, seu corredor, seu sótão – o sítio de avencas de minha mãe –, o quintal amplo em que se achava, tudo isso foi meu primeiro mundo. Nele engatinhei, balbuciei, me pus em pé, andei, falei. De todas essas coisas eu tirava a compreensão e eu ia aprendendo no meu trato com elas, e nas minhas relações com meus irmãos mais velhos, com minha mãe e meu pai, e até com os gatos da família – a sua maneira manhosa de enroscarem-se nas pernas da gente, com seus miados de súplica ou de raiva.

Essas frases foram retiradas de um texto de Paulo Freire em que ele se refere à importância da família na formação do caráter e da competência social e produtiva dos jovens. Para muitos a família é a célula principal que forma o tecido social, e seu grau de organização e saúde irão determinar o grau de organização e

saúde da sociedade como um todo. Para alguns a família é apenas uma ideia burguesa do núcleo conjugal que visa apenas a continuidade dos negócios e do patrimônio por meio da herança. Para Paulo Freire, a família é o lugar onde começamos a fazer a leitura do mundo, e o ambiente que irá contribuir decisivamente na formação do nosso caráter e do nosso destino. Prefiro Paulo Freire.

A reflexão a que o texto do educador nos leva é sobre o fato de que a responsabilidade dos pais vai muito além da de prover alimentação, segurança, educação, saúde. Os pais ensinam seus filhos a ler o mundo. E a dúvida que nos atinge com a força de um cruzado de direita é: afinal, como é mesmo que se faz isso?

A sociedade pós-guerra em geral e a contemporânea em particular desenvolveram características novas, nunca antes presenciadas pela humanidade, em toda sua história, e que nos mostram que a família já não é mais o que era. A mãe trabalha, virou profissional, tem projetos próprios; o pai trabalha muito, não pode parar de estudar, fica muito tempo fora de casa; os filhos têm de cumprir uma agenda que inclui muitas coisas além do colégio. Está armado o cenário para a proliferação da angústia do "será que estou fazendo a coisa certa?" que assola o coração dos pais.

Eu, pessoalmente, me identifico com quem confessa essa angústia por não ter mais tempo de ficar com os filhos pequenos, ouvindo suas dúvidas, lendo histórias, apoiando as primeiras iniciativas, entendendo seus dilemas. Eu vivi esse capítulo intensamente.

E aprendi a duras penas – pai inexperiente que era – que o lar é o primeiro mundo em que uma criança vive e o que irá encontrar depois, lá fora, pode significar um grande perigo, se, em seu primeiro ambiente, ela não recebeu sinais da realidade, ainda que atenuados.

É em casa que as crianças começam a formar seu sistema imunológico contra as frustrações da vida. A escola é a segunda instância, a família é a primeira. Coisas como autoestima, autoconfiança, responsabilidade, respeito, curiosidade, determinação e autonomia não se aprendem nos livros, se desenvolvem na prática, mediante estímulos e exemplos. E são justamente essas coisas que definem a qualidade de uma pessoa, mais do que seu conhecimento teórico. Estudar é bom, aprender é melhor. E o aprender ultrapassa o estudar porque inclui o vivenciar.

Se a família é uma espécie de equipe, cada um tem suas tarefas, suas responsabilidades, papéis a representar. E isso exige, sim, atenção, preparo e organização dos pais, os líderes naturais. Definir horários para o convívio familiar não desmerece a relação, como se pensa, antes a engrandece, pois demonstra a importância que se dá à família. O trabalho é importante, claro, mas a família é fundamental. Por que destinar à família as sobras do tempo? Terá o convívio com os seus menos valor que com os outros?

Pessoas produtivas são aquelas que aproveitam bem seu tempo, gerenciam com competência seus horários e dessa forma conseguem atender a mais compromissos do que os "perdidos no tempo", que são, infelizmente, muitos.

E há mais uma premissa básica: podemos avaliar as relações com base no critério quantidade, mas também podemos fazê-lo a partir da qualidade. Em outras palavras, mais importante do que dedicar muito tempo aos filhos, é dar-lhes um convívio bom, intenso, belo. Em uma escola infantil a professora provocou seu alunos com a seguinte questão: "Quando é que você gosta mais de seu pai?". A maioria das crianças respondeu algo como "Quando ele me dá um presente" ou "Quando ele me leva para passear". Um garoto, entretanto disse: "Eu gosto mais de meu pai quando ele está inteiro ao meu lado". Esse garoto sabia o que estava dizendo.

Estar inteiro a seu lado significa, para a criança, que o pai não está, ao mesmo tempo, lendo o jornal, assistindo à televisão ou conversando com mais alguém. Nesses casos, ela passa a representar um mero papel de coadjuvante; ela sente que não tem importância, e pode até se sentir um estorvo. Estar inteiro significa olhar nos olhos, escutar de verdade suas palavras, responder com cuidado às suas indagações. Estar inteiro significa ser honesto, verdadeiro, coerente. Significa não mentir, não menosprezar a imensa capacidade de percepção das crianças, não considerá-las seres incapazes. É melhor ser um pai inteiro por uma hora do que um pai parcial por dez.

Vem dos biólogos uma informação muito interessante: a espécie humana é a mais frágil entre todas que formam a biosfera de

nosso planeta. Nós não somos fortes nem velozes, e também não dispomos de equipamentos de ataque e defesa, como garras aguçadas ou caninos salientes. Não somos numerosos se comparados aos insetos, por exemplo, nem temos carapaças de proteção como os caranguejos e os caracóis. Mesmo assim conseguimos o domínio sobre as outras espécies e o controle da natureza (melhor seria dizer descontrole, eu sei). O que nos permitiu essa proeza, mesmo sendo uma espécie desprovida de equipamentos anatômicos de sobrevivência? O cérebro, claro, além do polegar opositor que nos permite manipular objetos. Um cérebro altamente desenvolvido, como o nosso, possibilitou a confecção de ferramentas e o desenvolvimento de estratégias de sobrevivência e domínio. O restante é história.

Mas não foi só pela parte lógica que o cérebro nos ajudou, foi também pelo sistema límbico, o componente neurológico por meio do qual nós experimentamos sentimentos e emoções, somos capazes de amar, sentir saudades, ciúmes, raiva, medo, prazer, inveja, ambição. E essa parte foi a responsável pela forte tendência humana de formar grupos, de se aglutinar e, dessa maneira, aumentar sua chance de sobrevivência e de controle do meio ambiente. E o primeiro desses grupos foi, claro, a família.

Os humanos formam a espécie em que os filhos ficam mais tempo em contato com os pais, às vezes por toda a vida, o que, aliado à capacidade de pensar, ter memória e dominar o conceito do tempo, criou um sistema em que uma geração passa à

próxima todo seu conhecimento. Uma tartaruga quando nasce é igual a outra que nasceu milhões de anos atrás, pois a tartaruga--mãe e a tartaruga-pai só passam para seus rebentos uma carga genética. Em nosso caso, além da carga genética, os pais entregam para seus filhos a carga cultural que eles aprenderam com a geração dos avós, que por sua vez aprenderam com seus pais, e assim por diante. A essa linha criada pelas gerações encadeadas damos o nome de civilização. Esta, portanto, dependeu da capacidade que o ser humano tem de amar seus filhos, cuidar deles e ensinar-lhes coisas.

Sim, ter filhos é um projeto da natureza, mas é também um projeto da sociedade e de cada um de nós. E projetos requerem atenção, lógica, inteligência, amor. Ensinar nossos filhos a "ler o mundo" é o que eles esperam de nós, além de se sentirem amados, claro. Somos diferentes das outras espécies. Somo provedores de sentimentos e conhecimentos. Somos responsáveis por aqueles que conquistamos, como disse Antoine Saint-Exupery, mas somos ainda mais responsáveis por aqueles que geramos. Khalil Gibran nos alertou sobre isso em seu belo poema sobre filhos: "A vida não recua e não se retarda no ontem/ Vós sois os arcos dos quais vossos filhos são lançados como flechas vivas [...] Que vosso envergar na mão do Arqueiro se dê com contentamento".

16 A GRANDEZA CONTIDA EM UM ATO DE GENEROSIDADE

A fome e o medo são instintos do corpo, a generosidade é um instinto da alma. Por meio dela providenciamos a sobrevivência do que há de mais belo em nossa natureza humana: a dignidade.

Há muitas histórias de famílias que encontraram escritos em velhos baús que só foram abertos após a morte de seus pais ou avós. No filme *As pontes de Madison*, os filhos descobrem a grande história de amor vivida por sua mãe, e que não contava com a participação do pai. Tal história durou apenas alguns dias, mas justificou a existência daquela mulher, uma dona de casa interiorana, interpretada por Meryl Streep,

que se apaixona pelo fotógrafo interpretado por Clint Eastwood. Contrariando a torcida da plateia, eles não ficam juntos, porque ela decide não magoar os outros, por isso sufoca seu amor e passa a viver alimentada apenas pela lembrança muda.

Algo parecido aconteceu com minha amiga Ruth, que, após a morte de sua avó materna, assumiu junto com a mãe a tarefa de dar destino a seus pertences, que se resumiam às coisas que estavam no quarto que ela havia ocupado por mais de dez anos, desde a morte do marido. E foi em uma caixinha de madeira que elas encontraram um caderno com anotações sobre suas atividades, um registro de como ela ocupava seu dia.

As duas então ficaram sabendo que as tardes em que ela dizia dirigir-se a um centro de terceira idade para se divertir, na verdade, eram ocupadas por um trabalho voluntário em um asilo para idosos, alguns mais jovens que ela, mas com menos saúde e com mais tristeza. Ela registrava os fatos, incluindo os momentos alegres, como as festas em que comemoravam datas ou apenas "celebravam a vida", para usar suas palavras, e também os tristes, como as mortes frequentes e as crises próprias da sensação de abandono.

Entre os escritos, um depoimento as tocou profundamente, e minha amiga o reproduziu com a fidelidade possível:

> Eu me doo porque me perdoo. Quando era jovem e tola, eu queria tudo para mim, achava que o mundo era meu e que eu podia usufruir dele sem pedir nem agradecer. Agora que sou muito mais velha e um pouco

mais sábia, entendi que nada me pertence de verdade, nem a vida, que passa em um instante, nem meus filhos, que apenas vieram através de mim, e muito menos as coisas, que são apenas matéria, e continuarão sendo, mesmo quando eu deixar de ser. Depois de uma vida dedicada às tolices, decidi perdoar-me por ser tola, e dar-me a chance de ser generosa, assim eu terei a única coisa que pode me pertencer: minha própria paz.

A descoberta e o texto mexeram profundamente com os sentimentos da filha e da neta. Não era para menos. Elas começaram, então, a lembrar os detalhes da vida da avó, que realmente havia mudado de um comportamento superficial e mundano para outro, mais profundo e espiritualizado, ao longo dos anos, especialmente após ter enviuvado. Ela havia sido uma mulher rica que não conheceu o sofrimento da escassez nem do desamor. Mas foi alguém que aprendeu a ler as entrelinhas do destino e se permitiu aprender com as pequenas coisas. E quando amadureceu, fez uma escolha que ela definiu como sendo a troca da "tolice pela generosidade".

A avó de minha amiga criou, sem querer, o que talvez seja a melhor definição de generosidade que eu já vi, pois a coloca como o caminho para a paz, e que considera o tolo como sendo o contrário do generoso. O dicionário diz que generosidade é a disposição de dar, de atender, de preocupar-se com o bem-estar do outro. Está certo, sem dúvida, mas a velha senhora foi além,

mostrou a face de paz dos generosos, e o lado tolo dos egoístas. Dostoiévski não teria feito melhor.

Desde sempre, mas principalmente depois que comecei a escrever, tenho me dedicado a observar comportamentos. Pessoas, famílias, empresas, todos são entidades comportamentais que revelam seu caráter por meio do que fazem e, mais importante, de como fazem o que fazem. Acabei por criar, para meu próprio uso, a ideia de que nosso planeta não é composto por apenas um mundo, mas por vários, que compartilham o mesmo espaço, em diferentes dimensões.

Gosto, por exemplo, de usar a expressão "mundo do mais" e "mundo do menos" para diferenciar as pessoas, não por sua raça ou posição social, nem por sua cultura ou por seu dinheiro, mas sim por sua generosidade, ou pela falta dela, claro.

O "mundo do mais" é o mundo que tem uma propriedade que dignifica o ser humano, e essa é, exatamente, a marca da generosidade, do compartilhamento, da disponibilidade. O "mundo do menos" é mesquinho, isolacionista, egoísta. Conheço pessoas do "mundo do mais" e do "mundo do menos" em todas as classes e profissões, e elas são facilmente reconhecíveis, não pelo figurino, pois a roupa não significa nada, ainda que seja muito provável que as pessoas do "mundo do mais" estejam usando roupas adequadas e bem cuidadas, jamais extravagantes ou descombinadas. Mas o que interessa não é o modelito, e sim o semblante.

Pessoas generosas costumam ter uma expressão mais leve, sempre pronta para demonstrar ao outro sua disponibilidade. É provável que você conheça pessoas disponíveis e pessoas não disponíveis. Se você estiver em dificuldade, em qualquer lugar a qualquer hora, você sabe com quem pode contar? Pense um pouco. Certamente você fará uma lista mental das pessoas que não hesitariam em largar o que estão fazendo para socorrer um amigo, e das que é melhor nem pensar em chamar, pois além da frustração irão provocar mal-estar.

Ser generoso é estar disponível. Ter disposição para dar de si para quem não tem e está precisando mais do que ele. O generoso não compartilha o que está sobrando, reparte o que tem, sua melhor parte. Tira de si para dar ao outro e, por isso, às vezes é acusado de ser bobo ou imprevidente. Não é, acredite. Ele age assim porque é de sua natureza, assim como também é de sua essência acreditar na fartura, na abundância que tem uma agenda própria, nem sempre compreendida com facilidade. Pessoalmente não me lembro de ter sentido falta de algo que dei ou que reparti. Ao contrário, dar abre espaço, cria condição ao eterno retorno, esse conceito de Nietzsche tão mal compreendido.

Somos controlados por nossos instintos. São eles que nos mantêm vivos, providenciam reação de defesa, proteção, sobrevivência. Afinal, somos animais também e herdamos instintos de nossos ancestrais, sem os quais eles não teriam resistido às

dificuldades de sua época e nós não estaríamos aqui. Os instintos são fortíssimos, e definem a natureza de todas as espécies.

É famosa aquela piada em que um escorpião pede ajuda a um sapo para atravessar um lago. O sapo, desconfiado, pergunta: "Mas você não vai me picar nas costas?". O escorpião pondera: "Claro que não, pois se eu picar você eu também morrerei afogado". Movido pela lógica do argumento, o sapo resolve ajudar o outro, mas, bem no meio da travessia sente a ferroada do peçonhento carona e, surpreso, ouve a nova explicação, igualmente lógica: "Desculpe, sapo, mas não consegui controlar minha natureza, afinal eu sou um escorpião".

Assim é o instinto. Serve para garantir a vida do indivíduo, e não considera, nem por um instante, o bem-estar do outro. Instintos são necessários, claro, mas são antigos, pertencem à noite dos tempos, e nós, afinal, evoluímos. Humanos não são escorpiões, ainda que alguns pareçam ser. Humanos têm consciência, compaixão, têm alma, e isso nos torna diferentes de um escorpião ou de um sapo. Humanos são coletivos, aglutinaram-se pela necessidade de sobrevivência, o que foi facilitado por sua capacidade de amar, respeitar, acolher, proteger seu semelhante.

Se a fome e o medo são instintos do corpo, a generosidade é um instinto da alma. Por meio dela providenciamos a sobrevivência do que há de mais belo em nossa natureza humana: a dignidade. Mas somos uma espécie nova, em pleno processo de evolução, por isso precisamos fazer correções de rumo.

O escorpião, coitado, não tem consciência nem compaixão, só pode contar com seus instintos, mas ele tem uma virtude que às vezes falta aos homens: só usa seus dotes destrutivos se estiver em perigo. Não há animal que mate, destrua e aniquile sem necessidade. Nenhum bicho sente prazer no sofrimento do outro: ele é, no máximo, indiferente, caso precise do outro para viver. Na natureza, um animal saciado é pacífico, confiante na fartura, despreocupado com o amanhã.

Animais são movidos pelos instintos, mas até neles, eventualmente, identificamos traços de generosidade. Os lobos voltam-se contra seu próprio líder se ele não demonstrar compaixão pelo vencido. Cães abrem mão de sua segurança para acudir seu dono em perigo. Quando chego em casa, a Preta, minha adorável cachorrinha *shi-tzu*, com seus olhos esbugalhados, corre para buscar um brinquedo ou um pouco de sua ração para compartilhar comigo, como símbolo de sua fidelidade. Ah, como temos o que aprender com esses "irracionais" tão lógicos e tão amorosos.

O homem, por ter percepção do tempo, preocupa-se com o futuro e insiste em acumular. Estoca comida, guarda coisas, economiza dinheiro e sonega até mesmo afeto, como se ele fosse fazer falta mais tarde. Prevenir o amanhã está certo, mas depende do grau, pois haverá um momento em que a virtude da previsão começa a transformar-se no pecado da avareza. O instinto físico da sobrevivência precisa ser equilibrado com o instinto maior da

generosidade, pois este vai além do individual, abrange o coletivo e potencializa ainda mais a sobrevivência, não apenas do corpo, mas também da alma.

Pessoas generosas fazem bem ao planeta, pois têm a consciência holística de que tudo está ligado a tudo, de que esse sentimento de separação não passa de ilusão de ótica, e que todas nossas ações repercutem no mundo, nas pessoas e em nós mesmos. Pessoas generosas são altamente necessárias ao equilíbrio da natureza e da humanidade. As pessoas generosas seguram o pau da barraca da humanidade, que abriga inclusive aquelas que tentam atear fogo na lona.

Em companhia de um amigo, o físico e escritor Fritjof Capra, visitei, em Berkeley, uma escola que trabalha com o conceito da sustentabilidade – uma ideia que representa a generosidade com o planeta. Lá vi uma menina carregando um balde de cascas de legumes em direção a um lugar de compostagem, onde restos de comida são transformados em adubo. Perguntei então porque ela estava fazendo aquilo, esperando uma resposta mecânica. No entanto, ela me deu um belo sorriso e me brindou com um quase poema. Ela me disse: "Estou levando comida para a Terra". Lindo, não? Generosidade explícita.

Viver ao lado de pessoas generosas é muito bom. Aumenta não só a sensação de segurança, mas também o sentimento de solidariedade, de amorosidade e de alegria. E os generosos se atraem, creia. Eu tenho a sorte de conviver com pessoas generosas. Tenho

uma companheira generosa, colegas de trabalho generosos, amigos generosos. Acredito que os diferentes se atraem, mas só nas leis físicas. Nas leis mentais os iguais se atraem. Assim, os egoístas também formam seus clubinhos, que podem ser casamentos, empresas, grupos políticos.

Eu tenho uma amiga chamada Regina que costuma separar as pessoas em dois tipos: "pessoas-pão" e "pessoas-boca". Ela diz que as pessoas-pão têm prazer em alimentar, em doar-se, são generosas e cuidadosas com os outros e com o planeta, e habitam, com certeza, o "mundo do mais". E que as pessoas-boca querem apenas ser alimentadas, existem só para receber e pronto, não querem saber o que podem fazer pelo mundo, mas o que o mundo pode fazer por elas. Perigoso pensamento. Ainda bem que a humanidade conta com uma rede de proteção, que se chama generosidade.

SOBRE FATOS E COISAS

17 O VERDADEIRO VALOR DO DINHEIRO

As limitações supérfluas são um bloqueio para o fluxo da evolução tanto quanto as aquisições supérfluas.

O ser humano atravessa a vida dedicando-se a evitar sofrimentos e a obter prazeres. A rigor isso é um instinto também presente nos animais, só que nós sofisticamos à enésima potência esses objetivos e a maneira de atingi-los. Com nossa inteligência e sensibilidade fizemos a ciência e a arte, o conforto e o luxo, a religião e a filosofia, e com isso nos diferenciamos na natureza e dominamos o planeta. E, para mediar tudo isso e facilitar a vida, desenvolvemos o dinheiro, só que junto com ele veio muita confusão.

Quando foi criado, o dinheiro tinha a finalidade de facilitar as trocas. É que antes de seu surgimento a única alternativa era o

famoso escambo, a prática de trocar um produto ou um serviço por outro. Se um criador de galinhas, por exemplo, precisasse de leite, teria de oferecer ovos ao criador das vacas. A ideia não era má, mas o problema era andar pelo mercado carregando ovos no bolso. Ou, pior, litros de leite.

Então alguém teve a ideia de criar uma espécie de "medida padrão" para todas as coisas, algo que fosse relativamente raro, mas que pudesse ser rapidamente reconhecido e mensurado, como o sal, por exemplo. Durante muito tempo, pedras de sal foram dinheiro. Assim, se cinco litros de leite custava tanto de sal, o cidadão não precisava levar os ovos, e sim um saquinho cheio de pedrinhas brancas. E estas mesmas pedrinhas poderiam ser trocadas depois por ovos, galinhas, pão, roupas, transporte, moradia ou serviços gerais.

Os empregados, por exemplo, recebiam de seu patrão uma quantidade de sal que lhes permitia atender às necessidades de sobrevivência, daí a expressão salário, que usamos até hoje. E quando alguma coisa está muito cara, dizemos que seu preço está "muito salgado".

Com o tempo, o sal foi substituído por algo mais prático, como pedrinhas marcadas ou conchas coloridas, só que isso trouxe, claro, a possibilidade da produção indiscriminada dessas unidades de troca. Então alguém teve a ideia de cunhar pedaços de metal, chamados moedas, sob controle das autoridades do Estado – qualquer que ele fosse –, para organizar o valor das coisas

e do trabalho de cada um. Da moeda para o papel-moeda, para a conta bancária e para o cartão de crédito foi apenas uma questão de aprimoramento dessa ideia. Assim, o mundo ficou mais prático, só que o homem ganhou algo meio difícil de lidar, pois o valor do dinheiro não é só absoluto, é também relativo, o que gera algum desconforto, pois tudo o que é relativo terá grandes variações entre as pessoas, lógico. Por exemplo, para alguns, o dinheiro vale por seu poder de troca, já para outros ele é signo de poder. E é aí que reside a confusão, pois, como o valor que as pessoas dão ao dinheiro é tão diferente, não é de se estranhar que tenham surgido conflitos entre elas.

Trocando em miúdos, o dinheiro não é uma coisa boa nem má. O bom e o mau vem do que é feito com o dinheiro, e não dele mesmo. Até os textos sagrados raciocinam assim. "O amor ao dinheiro é a raiz de toda a espécie de males", lemos na Bíblia (1 Timóteo 6:10), que, dessa forma, coloca ordem na casa e desloca o mal do dinheiro em si para o que se faz para obtê-lo e para o que se faz com ele.

Já vimos que o dinheiro não tem valor em si mesmo, e sim vale por aquilo que ele pode proporcionar, por isso sua importância é relativizada pelas necessidades e pelos desejos de cada um, o que poderíamos chamar de grau de ambição.

A ambição não é um sentimento ruim, destrutivo, mas pode vir a ser, caso se transforme em uma obsessão. A ambição

pode, inclusive, ser vista como uma espécie de energético existencial, que faz mover as pessoas e o mundo. Não tem uma moral própria, e sim se apropria da moral do ambicioso, de sua dimensão e de seu propósito.

Sobre isso, dois livros muito profundos me explicaram alguma coisa. O primeiro é *O capitalismo é moral?*, do filósofo francês André Comte-Sponville, docente da Universidade de Paris. Foi nele que aprendi que a ambição não é nem moral nem imoral, é amoral. O autor compara essa qualidade humana com a água que cai das nuvens: "A chuva não é nem boazinha nem malvada, nem moral nem imoral: ela está submetida a leis, a causas, a uma racionalidade imanente que não tem a ver com nossos juízos de valor".

Em outras palavras, a ambição é tão natural quanto um fenômeno meteorológico; pode ser boa ou ruim, a depender da circunstância, da intensidade e do que fazemos com ela. Só que a ética social lida mais com essa questão, pois valoriza a ambição ao mesmo tempo em que a critica. Como dormir com um barulho destes?

Vamos consultar, então, o segundo livro, *A alma imoral*, do rabino Nilton Bonder, uma sofisticada análise de textos bíblicos e de parábolas judaicas sobre os fatos da vida. Em uma passagem ele conta a história de um homem rico que foi aconselhar-se com um rabino. Logo no início da consulta, quem pergunta é o religioso:

– O que você costuma comer?

– Sou bastante modesto em minhas demandas: pão, sal e água é tudo do que necessito – respondeu o homem, achando que seria elogiado pela humildade.

– O que você acha que está fazendo? Deve comer carne e beber vinho como uma pessoa rica [que é].

Mais tarde, os discípulos questionaram a espantosa reação do rabino, que explicou prontamente:

– Até que ele coma carne bovina e beba vinho, não vai compreender que o homem pobre precisa de pão. Enquanto ele se alimentar de pão, vai achar que o pobre pode alimentar-se de pedras. Aquele que não faz uso de todo o potencial de sua vida, de alguma maneira diminui o potencial de todos os demais. Se fôssemos todos mais corajosos e temêssemos menos a possibilidade de sermos perversos, este seria um mundo de menos interdições desnecessárias e de melhor qualidade.

Sim, as limitações supérfluas são um bloqueio para o fluxo da evolução tanto quanto as aquisições supérfluas. Em outras palavras, o muito ambicioso e o pouco ambicioso são ambos daninhos à sociedade. A busca deve ser pela ambição saudável, na medida exata em que a pessoa se afasta do conformismo, mas não se aproxima da ganância.

Isso é o que os norte-americanos chamam de *financial literacy*, algo como "alfabetização financeira", ou o desenvolvimento de

uma competência pessoal que permite à pessoa lidar bem com o dinheiro, sem supervalorizá-lo nem menosprezá-lo. Às crianças deveríamos, sim, ensinar desde cedo a importância que o "vil metal" – que de vil não tem nada – tem em nossa vida.

Outra boa expressão norte-americana é *to make money*, ou "fazer dinheiro", ao contrário de "ganhar dinheiro" como dizemos por aqui. Afinal, tirando os herdeiros e os sortudos das loterias, todos nós fazemos nosso rico dinheirinho utilizando como matéria-prima o empenho e o trabalho – não ganhamos coisa nenhuma.

Esta é uma lição essencial às crianças, aos jovens e a todas as pessoas, pois o trabalho é o único caminho para produzir as pedras de sal que precisamos para comprar tudo o que vai atender às nossas necessidades e aos nossos desejos. Quem pensa diferente disso será penalizado, sejam elas pessoas ou empresas gananciosas que resolvem faturar a partir de operações financeiras e acabam afastando-se de sua verdadeira razão de ser. A última crise financeira mundial, que teve início com a quebra do banco norte-americano Lehman Brothers e se espalhou pelo mundo como uma praga de gafanhotos, está aí para provar essa tese.

Não, dinheiro não é tudo. O ser humano é capaz de produzir muito mais do que cifrões, valores contábeis e cartas de crédito. Do humano veio a arquitetura, a música, a poesia, a química, a medicina. A questão é que o homem precisa daqueles algarismos para alcançar seus objetivos maiores e é nesse caminho que ele se perde, confundindo fins com meio, alhos com bugalhos.

O que precisamos é aprender as dimensões de nosso comportamento em que habita o dinheiro. A primeira dimensão é saber ganhar – e isso depende do preparo e do trabalho. A segunda é saber gastar – e aqui entra a lógica, tão simples quanto desprezada, de não gastar mais do que se ganha. Estas duas dimensões são fundamentais, mas há mais duas, complementares: a dimensão do poupar – pois não sabemos quais surpresas o futuro nos reserva –, e a dimensão do investir – que significa aplicar o excedente em algo que fará o dinheiro crescer com o tempo, como um negócio ou algumas ações.

O psicólogo norte-americano Frederick Herzberg explicou para as empresas o valor do dinheiro para motivar os funcionários. Ele disse que o salário se encaixa na categoria dos fatores motivacionais que ele chamava de "higiênicos", porque só são notados quando faltam. "Se a remuneração é justa, não motiva, mas se não for, desmotiva as pessoas", disse Herzberg.

A visão do especialista joga luz na importância que o dinheiro tem em nossa vida. Ele não tem o poder de nos garantir a felicidade, mas quando falta, é bem possível que conheçamos a tristeza. Não há como não concordar que dinheiro não é tudo na vida, mas também não é inteligente imaginar que ele é nada.

Mas, como cautela e canja de galinha nunca fizeram mal a ninguém, previna-se, pois, nessa antiga dobradinha gente-dinheiro, à qual você também pertence, trate de definir quem é que vai mandar em quem.

18 QUERO CONHECER O MUNDO

Uma viagem não se esgota no retorno. Continua em nossa lembrança em forma de imagens, sons, cheiros, texturas.

Por obrigações de trabalho, mas também por puro prazer e vontade aprender, sempre viajei muito. Estive em todos os estados brasileiros – em alguns deles várias vezes – e em boa parte do mundo. Nessas viagens conheci, claro, muitas coisas interessantes, outras nem tanto; e estive em lugares de todos os tipos, alguns maravilhosos, outros deploráveis, mas de todos guardo lembranças de experiências que me ajudaram a ser melhor.

E conheci também muitas pessoas, tenho uma verdadeira coleção de tipos com quem interagi e que me ensinaram alguma coisa. Lembro, por exemplo, de um americano de certa idade que se sentou a meu lado em um voo para Belém. O ano era 1990 e eu, antes

de embarcar, havia passado na livraria do aeroporto, onde comprei o último lançamento de meu ficcionista científico preferido, o russo-americano Isaac Asimov, chamado *A viagem fantástica II*. Logo que embarquei tratei de me acomodar na poltrona, ávido para começar a leitura. Mas logo após a decolagem, enquanto eu estava ainda nas páginas iniciais, notei que o cidadão a meu lado estava com o corpo ligeiramente curvado em minha direção e os olhos esticados, tentando ler meu livro. Isso me incomodou e eu olhei para ele fixamente. Ele, então, sorriu meio sem jeito, mas com simpatia, e me perguntou:

– Desculpe, mas o senhor fala inglês?

Levei um instante para perceber que ele falava comigo, em um inglês de norte-americano nativo:

– *Excuse me, do you speak English?*

Achei engraçada a coincidência, pois o livro começava com uma moça dirigindo-se a um cientista durante um congresso, perguntando: "Desculpe, mas o senhor fala russo?". Coincidência ou não, aquilo quebrou minha resistência.

– *Yes, but...* Sim, mas não perfeito – respondi, cuidando para, junto com a resposta, devolver o sorriso que o estranho me dava.

– Com certeza é melhor que meu português – acrescentou ele, polidamente. É que eu reparei que você está lendo *Viagem fantástica*, do Asimov, e esse livro foi lançado nos Estados Unidos há uns dois anos apenas. O que está achando dele?

– Na verdade acabei de começar a leitura, mas estou animado. Gosto do Asimov porque ele usa fundamentos científicos prováveis em suas histórias de ficção, e não apenas palavras da ciência para enganar o leitor, como fazem outros.

– Concordo, suas histórias talvez possam acontecer no futuro, como as viagens interestelares; aliás, ele gosta de escrever sobre viagens. Você já reparou como os livros que relatam viagens encantam as pessoas?

– Nunca tinha parado para pensar sobre isso, mas acho que você tem razão, pois viajar é um forte desejo humano. Além disso, ler um livro é como fazer uma viagem. Tanto a viagem como o livro nos colocam diante do desconhecido, que é, ao mesmo tempo, excitante e amedrontador.

– Sim, praticamente todos os grandes livros são excitantes e amedrontadores. Veja o primeiro grande autor, Homero. Na *Odisseia*, Ulisses, após a guerra de Troia trata de voltar para casa, e inicia uma viagem cheia de aventuras, ao mesmo tempo em que Telêmaco, seu filho, viaja para procurá-lo. Se você olhar mais de perto, verá que essa história poderia ser definida como a viagem de encontro ao destino de cada um.

Eu estava começando a gostar daquele gringo. Era bem-humorado, entendia de literatura e ainda fez uma rápida análise psicológica de um clássico. Resolvi cutucá-lo um pouco. Se a conversa

estivesse boa eu poderia dar-lhe corda, se não, e eu tinha a desculpa de voltar à leitura.

– Camões escreveu algo parecido, em *Os Lusíadas.* Assim como Ulisses e Telêmaco, Vasco da Gama também é protegido por alguns deuses e perseguido por outros. E você reparou que, em ambos os casos, o objetivo final da viagem é voltar para casa? Fico pensando que esse seria o objetivo de qualquer viagem. Voltar para casa.

– Ou voltar-se a si mesmo – continuou ele –, olhar o exterior para entender melhor o interior. Você tem razão quanto ao destino final. Veja o caso de lorde Phileas Fogg, no *A volta ao mundo em 80 dias,* de Júlio Verne: ele parte de Londres com destino a Londres. Viaja para o leste e volta pelo oeste. Só que, ao voltar, ele é outra pessoa, menos esnobe, mais humilde, melhor. Está apaixonado pela princesa que conheceu na Índia, mas, na verdade, o que aconteceu é que ele desenvolveu uma nova paixão pela vida. Por meio da aventura e do amor ele reencontrou o homem que já tinha sido, e do qual tinha se afastado em função das convenções e obrigações sociais, muito fortes na Inglaterra vitoriana.

– Ele volta diferente, melhor do que era antes de partir. A conclusão é que a melhor parte de uma viagem é a volta? – perguntei.

– Não, a melhor parte é o aprendizado. Veja o caso dos livros do escritor brasileiro que está despontando no mundo. Seus personagens voltam para casa só após terem aprendido alguma coisa e se transformado para melhor. – Ele estava se referindo ao

Paulo Coelho, que na época já tinha lançado seus dois primeiros livros, e ambos sobre viagens.

– Então, em sua opinião, as viagens são tão atrativas por serem metáforas da própria vida? Nesse sentido, este livro do Asimov talvez seja o mais perfeito, pois a viagem a que ele se refere é para dentro do corpo de uma pessoa, utilizando um submarino miniaturizado. Com o detalhe que eles vão até o cérebro, o centro do pensamento.

– A metáfora do Asimov é ótima, e o título do livro é melhor ainda, pois nosso interior é o território mais misterioso. Mas não estou me referindo ao corpo, e sim à alma humana. E, preste atenção: todos nós nascemos viajantes, mesmo quem não viaja, pois, se você pensar bem, verá que a verdadeira viagem fantástica é a própria vida.

– A verdadeira viagem fantástica é a própria vida... – pronunciei, lentamente, falando comigo mesmo, em uma reação própria de alguém que tem um imenso e maravilhoso *insight.*

Já se passaram cerca de vinte anos desde esse encontro. Não me lembro do nome do viajante que estava a meu lado, nem se o diálogo foi exatamente assim. Mas me lembro bem do assunto que tratamos, e, sobre ele, lembro que estava morando no Brasil porque havia se apaixonado, primeiro, por uma brasileira do Norte e, depois, por nossa cultura, música e comida. Recordo sua mensagem, as analogias da viagem com a vida, do fato de que os confortos e as dificuldades, as alegrias e aborrecimentos, as idas e

vindas de uma viagem são uma paráfrase perfeita da própria existência humana. E lembro que ele citou Bob Dylan, antes de pedir licença e recostar-se na poltrona para dormir o resto do voo:

– *Yes, my friend, "Life is nothing but a trip".*[1]

E me deixou com o livro nas mãos, a cabeça cheia de pensamentos e o coração pulsando na ideia de que a vida é uma viagem fantástica. E nunca mais parei de me considerar um viajante, escolhendo os roteiros e arrumando as malas para seguir em frente, seja em outro continente, seja em meu próprio bairro.

Há dois tipos de viagem de que eu gosto: as que eu planejo até nos mínimos detalhes e as que eu faço sem planejar nada. Pode parecer um contrassenso, mas a verdade é que são estilos diferentes de viagem.

É claro que as viagens planejadas são mais confortáveis, têm menos surpresas, mas não podemos esquecer que as surpresas fazem parte; aliás, viajamos exatamente para nos surpreender com o mundo. Atualmente eu prefiro planejar até certo ponto, como definir bem as datas de ir e de voltar, reservar hotéis nos pontos principais etc., mas gosto de deixar espaço para o improviso, para a aventura.

O importante é ter uma ideia do que se espera da viagem e estar preparado para improvisar. Um bom exemplo é o filme

1 Sim, amigo, "A vida nada mais é do que uma viagem".

Easy rider, em que Peter Fonda e Dennis Hopper viajam sem destino – conforme o próprio título do filme explica –, mas não sem planejamento. Só que, no caso, o plano era não ter planos, então o espírito dos aventureiros estava preparado para as intercorrências, agradáveis ou não.

Viajar é uma das melhores sensações da vida. O dinheiro aplicado em uma viagem não é um gasto e sim um investimento. Seu retorno vem em forma de cultura, de entendimento, de percepção, de experiência e, principalmente, em forma de vida. Uma viagem não se esgota no retorno. Continua em nossa lembrança em forma de imagens, sons, cheiros, texturas.

Lembro quando viajei pelo Saara com um amigo israelense chamado Avi. Ele dirigia um caminhão especialmente preparado para aquelas condições, e de repente esticou o braço para fora da janela apontando para um lugar no meio da areia e disse:

– Olhe, um tuaregue.

Eu apertei os olhos e fiquei tentando encontrar o habitante do deserto a que ele se referia, mas o máximo que conseguia ver, além da areia, era um pequeno movimento que lembrava água sobre as dunas – na verdade uma ilusão causada pelas ondas de calor que o solo devolve à atmosfera. Ele, percebendo minha dificuldade, parou o caminhão e convidou-me a descer.

Foi então que eu pude ver um homem e seu camelo, ambos da mesma cor, e da cor do deserto, claro, em perfeita harmonia, de uma beleza ímpar, profunda.

– Onde ele está indo? – perguntei, provavelmente só para dizer alguma coisa para cortar aquele silêncio eloquente do deserto.

– Ele está sempre em movimento – explicou meu amigo –, não precisa ter, necessariamente, um lugar para ir. Ele é um nômade que não sai do deserto, mas está sempre viajando, pois essa é sua essência. Assim como as dunas, que se movem permanentemente, o habitante do deserto não se detém, ele sabe que se parar provavelmente será coberto pela areia.

E assim somos nós, ocidentais urbanos, que também precisamos do movimento para não sermos cobertos pela poeira do tempo e pelo mofo da acomodação. Uma viagem pode não ser a vida, mas é uma bela metáfora dela, pois nos defronta com uma realidade maior e nos abre a alma para o entendimento.

Entretanto, sempre é bom lembrar que viajar tem partes, e uma delas é a volta para casa; e feliz daquele que considerar esta parte uma das melhores. Entre outras coisas, viajar nos ensina a amar nosso lar, nosso país, nossa gente. Afinal, como disse Goethe, sábio é aquele que consegue criar, para seu uso, "raízes e asas", essas duas maravilhosas possibilidades humanas.

19 QUE DELÍCIA...

A arte em geral tem a função de agradar o espírito humano, mas, antes, precisa ser capturada pelos sentidos, e a mesa é um bom lugar para essa experiência.

O trânsito estava pesado, como acontece normalmente nos finais de tarde em São Paulo. Sozinho no carro e ansioso por chegar em casa, eu procurava alguma companhia alentadora no rádio. Mas as emissoras de música pareciam estar em complô, reprisando sucessos populares desinteressantes; a de programação erudita estava tocando uma ópera angustiante; e as de notícias repetiam as cansativas informações sobre as agruras do tempo e as amarguras da política.

Foi quando encontrei um oásis radiofônico para me proteger: os comentários de um *chef* de cozinha. Eu estava salvo da paranoia! István Wessel, com sua fala calma explicava aos ouvintes a receita de uma salada diferente. Era assim: corte em cubinhos

uma maçã verde, uma maçã vermelha e uma cebola roxa. Sobre esses cubinhos coloque duas colheres de maionese e um pote de iogurte natural. Depois mexa bem, acrescentando uma colher de açúcar, uma pitada de sal e umas folhinhas de dill fresco.

– É perfeita para acompanhar bife à milanesa, tanto quente quanto frio – explicou o mestre.

Pronto, eu já tinha um objetivo na vida, ou pelo menos uma razão para alegrar aquele final de tarde. Sabia que nossa cozinheira, a Ivonete, havia feito bifes à milanesa naquele dia, e como eu não tinha almoçado em casa, deveriam ter sobrado alguns. Passei então no supermercado para estar seguro que não faltaria nenhum ingrediente para aquele prato simples. Cheguei em casa cheio de alegria. De fato, os bifes estavam na geladeira, aguardando um destino nobre.

Abri uma garrafa de Sauvignon Blanc chileno, coloquei Yo-Yo Ma no som, vesti o avental que ganhei do Bar Palácio, um reduto da gastronomia notívaga de Curitiba, e fui para a cozinha. Quando a Lu chegou encontrou um marido feliz. Lá estava eu, no local mais frequentado da casa, que costumamos chamar de cozinha de estar, onde passamos muito tempo juntos e onde gostamos de receber os amigos. Então saboreamos os bifes da Ivonete, a salada do Wessel e o vinho dos chilenos, entre planos e risadas, alimentando o corpo e a alma.

Aquele era mais um dos deliciosos momentos de comunhão que a mesa proporciona. É sensacional a experiência de comer

não tendo como única finalidade a energia dos carboidratos, a estrutura das proteínas e a regulação das vitaminas. É claro que tudo isso é importante. Tão importante para a saúde e para a sobrevivência que a natureza conferiu, ao ato de comer, o sentido do prazer. E a humanidade, à medida que foi se sofisticando, elevou o ato de preparar e consumir o alimento ao estado de arte.

Fome é uma sensação desagradável provocada por hormônios neurotransmissores que se esforçam para manter o corpo em funcionamento apesar da, digamos assim, queda dos níveis de combustível orgânico. Parte dessa sensação é o medo de morrer, pois esta é uma possibilidade real para um organismo que não se alimenta. E, vamos concordar, o medo de morrer, ainda que totalmente inconsciente, não é nada agradável. Daí o aumento do estresse, do mau humor, da irritabilidade e dificuldade de concentração. No fundo, medo.

Então deduzimos que se alimentar acalma e diminui o estresse. Assim que a pança é forrada, o cérebro produz impulsos nervosos até derramar uma porção extra de serotonina por todo o organismo, gerando uma sorrateira sensação de bem-estar quando comemos. Por se tratar de um instinto, tal fenômeno ocorre logo nos primeiros segundos de vida. Duvida?

Veja um bebê e comprove. O resultado é "batata": toda criança se tranquiliza quando é amamentada. Mesmo enquanto é um feto, o pequeno já sente satisfação de comer, pois, já na barriga,

sente os mínimos gostos que a mamãe ingere e, mais tarde, acaba por reencontrá-los no deleite do leite materno. Por isso é que o pimpolho já nasce reconhecendo todas as “variantes da língua”, o salgado, o doce, o ácido, o amargo e até o *umami* (um tipo de sabor descrito no Japão e que significa “delicioso”).

Assim como acontece entre mãe e filho, alimentar-se também é troca contínua entre homem e mundo. Quando comemos, o que antes estava fora, agora se une ao nosso corpo. Trocando em miúdos, isso significa que se alimentar repõe o ser humano no macrocosmo, pois um mundo come o outro.

Repare: o homem planta a comida e a come, a ave come o resto e a elimina, o urubu come o morto e o evacua, o verme come o excreto e repõe o solo. Tudo o que é retido se solta, tudo o que é plantado é colhido, tudo o que nasce, morre. Este é o ciclo da vida. Todos ingerem um pouco de tudo, e tudo se reintegra por fim. E o que nos resta é um bolinho azul de Terra, assado por um forno em temperatura de 6 mil °C chamado Sol. Servido?

E, desde que começamos a nos organizar como espécie, fizemos do ato de comer um ato de trocas humanas. Se com o planeta trocamos elementos químicos, entre nós trocamos elementos emocionais. A mesa é o local onde todos se colocam no mesmo plano, onde os olhares têm mais chance de se cruzarem, onde o tempo é prisioneiro do ato, e não o contrário. Um almoço em família é um momento de reposição de energia amorosa. Um jantar com seu amor é uma liturgia de cumplicidade prazerosa.

E um café da manhã, ainda que sozinho, é o prenúncio das emoções de viver mais um dia. Definitivamente, uma refeição não é apenas uma refeição, é uma cerimônia em que vida será transformada em mais vida, em um moto perpétuo regido pelas leis físicas e divinas.

A gastronomia como arte é, provavelmente, a mais completa entre todas. A verdadeira arte é aquela que desperta sensações que não são provocadas pelos órgãos dos sentidos a que, primariamente, se destinam. Várias vezes percebi isso. Ao ouvir Bach eu posso "ver" as ovelhas pastando tranquilas. Já "cheirei" lavandas em um quadro de Paul Cézanne e já "ouvi" o grito do Edvard Munch. Já "toquei" Deus ajudado por Michelangelo no teto da Capela Sistina e já "voei" e "dancei" sem me mexer lendo contos dos irmãos Grimm. A boa arte é assim, surpreendente. Pega pelos olhos ou pelos ouvidos e o sequestra de corpo inteiro, além da alma, claro.

Pois, dessa forma, a culinária é a mais arrebatadora das artes. Um bom prato você vê, cheira, ouve, sente e degusta. Lembro dos franceses Anne e Jean Michel, donos de um hotel de apenas cinco quartos chamado Domaine de Mejeans, localizado em uma vila da área rural de Aix-en-Provence, no sul da França. É uma pequena pousada, sim, mas pretende ser muito mais do que isso, e consegue seu intento de ser imensa porque tem o compromisso com a arte de bem receber e de bem servir à mesa.

Após o desjejum, servido na varanda, composto de *café ou lait*, pães recém-preparados, manteiga fresca e geleias de frutas do quintal, Jean Michel costuma perguntar: "Você virão para o jantar?". "Sim", respondemos de pronto, pois não há como perder aquele festim. "Ele será servido às nove em ponto" – alerta o gaulês em seu bom francês. Após um dia de aventuras pela região da Provence, nos sentamos à mesa do pequeno refeitório, decorado de forma simples e aconchegante, para iniciar o jantar que, nesse caso, é mais que um jantar, é uma sinfonia de sensações.

"De entrada, um caldo de mariscos – sintam o embalo das ondas do mar" – recomendou o *chef*, que também havia sido o recepcionista que fez nossa ficha e o mensageiro que nos ajudou com as malas. "Agora a salada – percebam o frescor das folhas, que foram colhidas jovens em nossa horta", continuou. "De prato principal, um *sea bass* que comprei no mercado de Marseille hoje pela manhã. Ainda dá para ouvir nele os gritos dos pescadores."

E assim continuou, enquanto retirava um prato e servia outro, referindo-se aos "balidos" das cabras no *fromage de chèvre* quente, ao doce "pontiagudo" da sobremesa de frutas do campo, ao "vento fresquinho" nas uvas chardonnay do vinho que acompanhou a refeição e ao "sol escaldante" sobre as uvas de colheita tardia daquele servido com a sobremesa. "E para terminar, um café do Brasil – acho que dá para dançar um samba com ele" – terminou nosso anfitrião, querendo nos homenagear.

A boa culinária é assim, nos toca por inteiro. E não importa se falamos da alta gastronomia francesa harmonizada com vinhos Bordeaux, ou do virado a paulista servido no mezanino do Mercado Municipal, acompanhado por um chope estupidamente gelado. O mesmo prazer olfativo que senti ao entrar em um bar corso em Milão e em um restaurante grego em Nova York, também experimento no português aqui da esquina que serve um prato feito de comer com muito respeito, e na minha casa, quando chego e sinto o aroma do alho misturando-se com a cebola, acariciados pelo azeite em uma frigideira quente.

A boa culinária não é cara nem barata, não é sofisticada ou simples. É apenas uma boa culinária que se vale de bons ingredientes, que combina com inteligência, que respeita os temperos e, acima de tudo, que é feita com dedicação e amor. Os pratos traduzem os sentimentos de quem os prepara, como demonstrado em várias obras da literatura e do cinema. Em *Como água para chocolate*, Tita, apaixonada por Pedro, o marido de sua irmã, transmite seu amor pelos pratos que prepara. Não é um filme sobre culinária, é um filme sobre erotismo. Em *Sem reservas*, a *chef* interpretada por Catherine Zeta-Jones coloca nos pratos que prepara toda angústia que envolve sua vida. No genial *Estômago*, o nordestino Alecrim transforma-se em referência da baixa gastronomia e, quando comete um crime e é preso, transforma seu talento culinário em ferramenta de poder para se tornar comandante na penitenciária. É verdade, não dá para

escrever sobre o prazer da mesa sem meter a colher de pau em praticamente todas as esferas do comportamento humano.

Como vimos, a culinária é uma técnica, sim, caso contrário, não haveria receitas. Dona Benta existe para propagar a técnica de cozinhar, para que se misturem os ingredientes certos com os temperos adequados. Mas é uma técnica que pode ser facilmente elevada à condição de arte. Para tanto, o ingrediente principal não é a receita, é o amor de quem a prepara. Quando Babette, personagem do filme *A festa de Babette*, gasta sua pequena fortuna para oferecer um festim para seus patrões e seus convidados, é repreendida por sua patroa que lhe diz que ela agora havia ficado pobre, responde com olhos serenos: "Uma artista nunca é pobre". É o que vemos em cada cozinha em que se transforma, às vezes sem perceber, a culinária em arte. Cozinheiras e cozinheiros, profissionais ou amadores, sulistas ou nordestinos, franceses ou africanos, empregados ou patrões. Todos são ricos de alma se se derem conta que são artistas entre as panelas e os ingredientes.

[20] O CORPO QUE ME ACOMPANHA

Desenvolver consciência corporal – sentir o corpo – ajuda a desenvolver uma consciência maior, com reflexos no autoconhecimento e nas relações humanas.

O tempo que passou em Milão, Leonardo da Vinci aproveitou para, além de produzir arte e artefatos de engenharia, estudar anatomia. Como era protegido do príncipe Sforza, uma espécie de dono da cidade, tinha alguns privilégios, entre eles o de dissecar cadáveres, para desespero da Igreja medieval. Seus milhares de desenhos do corpo humano transformaram-se no primeiro tratado de anatomia.

Leonardo tinha especial atração pelos músculos e sua relação com os ossos, e também pelos órgãos dos sentidos. Uma de suas observações, genial para a época, é que o cérebro percebe o

exterior por meio de órgãos especiais que permitem a visão, a audição, a olfação, a gustação e o tato, mas também é capaz de perceber o interior, o próprio corpo, mediante uma espécie de "sentido para dentro". O gênio da Renascença tinha razão. Hoje sabemos que os músculos, as articulações e os órgãos internos informam o cérebro sobre suas condições por meio de corpúsculos e nervos, como se houvesse, de fato, um sentido especial, só que voltado para o interior do corpo.

Graças a isso somos avisados de alguma dor ou desconforto. Claro, o corpo dá seus alertas, defende-se. E, da mesma forma, passa as sensações de prazer, de bem-estar. Você nunca teve a sensação de cansaço, de mal-estar, como se seu corpo estivesse "de mal" com você? Claro que sim! Mas, em compensação, também experimentou aquele estado de prazer proporcionado por um corpo harmônico e saudável.

Agora faça um pequeno exercício: coloque o livro no colo um instante, jogue seus braços para cima, agarre o pulso esquerdo com a outra mão e curve seu tronco ligeiramente para a direita. Segure-se nessa posição por apenas um instante, depois repita do outro lado. Pronto. Agora desça seus braços devagar, sentindo a sensação maravilhosa provocada pela circulação sanguínea que se refaz após o alongamento.

A consciência corporal nos dá maior controle sobre nossas possibilidades e, claro, sobre nossos limites. O corpo humano é uma maravilhosa estrutura em que tudo faz sentido. O complexo

sistema de feixes musculares que permitem os movimentos fez Leonardo da Vinci acreditar na perfeição. Ele era tão entusiasta das potencialidades da musculatura humana que chegou a imaginar uma máquina de voar, que se compunha simplesmente de asas iguais às das aves, que ele também estudou com esmero, como tudo o que fazia. Ele acreditava que seria suficiente dotar um homem dos apêndices que lhe faltava para poder decolar, pois os músculos fariam o restante do trabalho.

Ele estava enganado, é claro, e abandonou o projeto quando percebeu a especificidade muscular das aves. Elas evoluíram para poder voar, nós não, simples assim. Leonardo aceitou as limitações quando aumentou a consciência sobre si mesmo, e disse, depois, que a consciência serve exatamente para isso, para dar a conhecer os alcances e os limites.

Sem consciência corporal não sabemos nem o que podemos nem o que devemos fazer. Deixamos de aproveitar o potencial do movimento, o prazer do alongamento, a sensação do relaxamento, o poder da força.

O que não podemos é esquecer nossas origens. Somos o resultado de um longo e lento processo de evolução e ele se baseia no princípio da seleção natural. O que isso significa? Ora, que somos descendentes dos mais aptos, daqueles que de alguma forma sobreviveram aos duros tempos da pré-História. E isso, acredite, não se fez apenas com boa intenção e sim com

competência orgânica. Sobreviveram os mais ágeis, rápidos, fortes. Nossos ancestrais foram verdadeiros atletas da modalidade sobrevivência.

Então, quando negamos a atividade física e adotamos o sedentarismo como opção de vida, estamos contrariando nossa genética. O corpo em movimento é natural, assim como o repouso também é importante. O coração agradece o exercício aeróbio, dos quais o simples caminhar é o melhor. As articulações precisam da mobilidade, senão começam a travar. Os músculos pedem para fazer força, pois foram feitos para isso. Aliás, com relação a eles, há uma regra simples: o que está tenso, relaxe; o que está encurtado, alongue; o que está flácido, fortaleça.

Minha amiga Luca é especialista neste assunto. Ela é osteopata. O nome não é o que parece, osteopatia não é uma doença e sim uma especialidade da área da saúde. Eu também acho esse nome estranho, pois a Luca também estudou psicologia, e, nem por isso é uma psicopata. Seria mais apropriado dizer que ela é uma mio-osteologista, pois dedica-se a estudar os músculos, os ossos e a relação entre eles, mas a especialidade ganhou esse nome e pronto.

Ela estudou na Inglaterra, onde viveu durante doze anos, e atualmente mantém um consultório (cheio) em São Paulo. O que ela faz exatamente? Ora, ela coloca o paciente no prumo. Acerta as equações entre os músculos, os ossos e as articulações, põe uma vértebra em cima da outra, devolvendo à coluna

vertebral sua verdadeira função de dar equilíbrio e harmonia a corpo, e dota seu paciente de uma postura elegante e movimentos fáceis e equilibrados.

Seus dedos parecem ter pequenos tubos de raios X nas pontas e suas mãos são como pinças e alavancas que levantam, alongam, puxam, repuxam, acertam, harmonizam nosso aparelho locomotor. Ela toca os grandes e os pequenos músculos, mexe nos adutores, abdutores, pronadores, supidadores e tantos outros com nomes engraçados, que ela vai mencionando às vezes em português, às vezes em inglês e às vezes em latim. "Agora teu *Latissimus dorsis* está descolado", diz com naturalidade. Pode ser que você nem sempre entenda o que ela diz, mas você sai de sua maca sentindo-se mais reto, mais alto e com uma amplitude de movimentos que não se lembrava que tinha.

Luca é uma entusiasta da consciência corporal. Sua consulta é cheia de procedimentos e de conselhos. "Sinta o giro de sua cabeça", diz ela. "Perceba como seus ombros se projetam para frente", continua. "Diga-me o que você sente ao tentar alcançar seu pé", ordena. Em uma hora de sessão, você migra da gratidão pela sensação de ter um corpo vivo ao ódio pela dor quase insuportável provocada por suas manobras que são sempre suaves, mas firmes.

Ela é uma profissional que ama o que faz, acredita que seu trabalho é uma missão e faz mais do que devolver ao paciente equilíbrio e movimentos. Aumenta a consciência corporal, a

autoestima e a alegria de viver. Sobre essa missão complementar, certa vez ela me disse:

– Como pode alguém ignorar seu próprio corpo? Viver sem se sentir é como comer sem saber o sabor da comida.

Mas muito cuidado nessa hora para não confundir o compromisso com a saúde com a obsessão com corpo perfeito. Os veículos de comunicação, como as revistas de moda ou de esporte, são frequentemente acusados de criarem estereótipos e modelos inalcançáveis, mas eles são, na visão da professora Maria Teresa Santoro, da Universidade São Judas Tadeu, e conhecedora da relação mídia-corpo, uma extensão do homem, no sentido que eles recolhem informações do mundo social e as remodelam para transformá-las em linguagem de comunicação.

Em outras palavras, se, por um lado, as revistas criam modelos, por outro são "tradutores sociais" responsáveis por fazer uma releitura de conceitos, emoções e aspirações que estão implícitos na sociedade. Assim, não é a mídia a responsável pelos padrões estéticos, mas o próprio público, que acata com agrado consumir esses conceitos que circulam em mão dupla. Mais um motivo para investir em consciência corporal: para não ser uma presa fácil de modismos e de estereótipos, mas usá-los como base do que deve e do que não deve ser feito. Mas, mesmo com a diversidade de estudos e estudiosos sobre o caso, a problemática do corpo está longe de acabar, esta é só a ponta do mindinho...

Também é importante lembrar que grande parte desse conflito se dá pelo próprio ambiente em que vivemos, portanto temos de cuidar dele. O lugar pode não ter estímulo para a livre vazão de energia criada pela tensão e, a partir daí, gerar uma série de reações adversas: músculos crispados, respiração acelerada e uma paciência prestes a "furar o saco". Estes são sintomas comuns de nosso organismo querendo nos alertar, nos "chamar à razão".

Desenvolver consciência corporal – sentir o corpo – ajuda a adquirir uma consciência maior, com reflexos no autoconhecimento e nas relações humanas. Essa é a área de trabalho escolhida pelo médico ucraniano Wilhelm Reich, conhecido como o grande "pai" das terapias corporais no Ocidente. Reich teve uma vida conturbadíssima e polêmica. Foi fazendeiro, estudou direito antes de se formar em medicina, era judeu, negava o judaísmo e, mesmo assim, foi perseguido pelo nazismo. Foi discípulo de Freud, mas se afastou dele, mudou para os Estados Unidos, onde divulgou suas ideias e acabou morrendo em uma prisão.

Vida conturbada à parte, Reich teve o mérito de colocar o corpo nas discussões sobre psicologia humana. Ele acreditava que o homem teria costurado para si uma "capa invisível" e inconsciente para se proteger dos males externos, tornando o corpo um refletor direto da mente. Os músculos tensos, a boca retraída, a postura inclinada, o queixo projetado e os movimentos rijos, todo esse conjunto de aparências presumia o que ele chamou de

"couraça muscular", que serviria para proteger o indivíduo portador de uma personalidade fragilizada.

Reich supôs que o humano tinha uma série de camadas, tais como as da Terra, que serviam para proteger seu "núcleo" de possíveis ameaças. Segundo ele, o indivíduo sedimentava "crostas" de vivências que se sobrepunham umas às outras com o decorrer do tempo. Esse envoltório se enrijecia à medida que era necessário experimentar sensações desagradáveis, servindo também para acobertar sentimentos prazerosos que podiam torná-lo "presa fácil" dentro do mato urbano. Ele ainda considerava que toda energia circulante do corpo passava obrigatoriamente por certos segmentos chamados de "anéis", concentrados em sete regiões: pelve, abdome, diafragma, tórax, pescoço, boca e olhos. Aliás, essas bolinhas cristalinas são os maiores receptores e irradiadores de energia do organismo – e não é à toa que os olhos são vistos até hoje como o grande reflexo da alma.

É, sim, possível livrar-se das couraças reicheanas, e um dos caminhos é, como vimos, a ampliação da "consciência corporal". Pode levar algum tempo, mas é muito bom fazer as pazes com o corpo e usá-lo como um belo caminho para a alma.

Enquanto isso use como inspiração as palavras do escritor uruguaio Eduardo Galeano: "A Igreja diz: o corpo é uma culpa. A Ciência diz: o corpo é uma máquina. A publicidade diz: o corpo é um negócio. E o corpo diz: eu sou uma festa".

21 A MORTE EM MINHA VIDA

Todo mundo sabe que a única coisa verdadeiramente certa em nossa vida é a morte, mesmo assim temos imensa dificuldade em lidar com esse tema tão humano.

– Você está com medo? – perguntou a jovem Caroline à sua mãe em seu leito de morte.

– Não, estou curiosa – respondeu Daisy Fuller, que então sorriu e, como que para fazer as pazes com a vida, começou a contar à filha um segredo do passado: sua relação com um tal Benjamin Button, um homem que nasceu velho e foi rejuvenescendo com o tempo até morrer como um feto. O relato era um desabafo da mãe que, ao contar, buscava a paz. E Caroline termina por descobrir que o fantástico personagem era seu próprio pai.

A passagem mencionada foi retirada de um conto do escritor norte-americano F. Scott Fitzgerald, publicado em 1921, e que em 2008 se tornou filme, dirigido por David Fincher e interpretado por Brad Pitt e Cate Blanchet. Conta a vida de um homem que tem uma trajetória totalmente oposta à natureza humana, pois, em vez de envelhecer, ele rejuvenesce. Quando escreveu esse bizarro conto, Fitzgerald talvez estivesse angústiado com sua própria realidade, e quis subverter a maior das angustias humanas: a percepção do envelhecimento e a certeza de seu epílogo, a morte.

Se pudéssemos preferiríamos evitar essa sequência natural. Se nos fosse dado escolher preferiríamos ver nosso corpo melhorar com o tempo, e não deteriorar-se inexoravelmente como um prenúncio do fim. Ah, se tivéssemos esse poder... Como não o temos só nos resta a imaginação. A literatura, que aceita todas as ideias, e o cinema, que as transforma em imagens, conseguiram inverter a lógica cruel da natureza, sim, mas não negaram o epílogo, que é, pretensamente, o fim de uma vida.

Benjamin Button não é Connor MacLeod, o Highlander, o imortal guerreiro escocês nascido no século XVI. Benjamin vive o tempo de uma vida, e mostra que ainda que tentemos – e até certo ponto consigamos – segurar o tempo, não teremos como vencer a morte. A anciã Daisy conhece essa verdade e lida com ela com a sabedoria de quem viveu intensamente. Por isso não teme, apenas está curiosa.

O curioso caso de Benjamin Button não foi a primeira obra sobre a evolução da vida e a angústia da morte, nem será a última. Este é um tema campeão de frequência na literatura universal, empatando, talvez, com o amor. E ambos estão comumente ligados, como em um Romeu e Julieta em distintas versões.

É possível que amemos tanto a vida porque temamos tanto a morte. Mas será esse nosso destino? Ver a vida como um prenúncio da morte e, por isso, sofrer? Devemos então evitar a vida para ter a ilusão de não morrer, como alguém que não quer um cãozinho porque sabe que vai sofrer quanto ele falecer? Não, o mistério da morte não é maior do que o mistério da vida, pois uma categoria pertence à outra. Perceba que viver pressupõe morrer, e morrer significa ter vivido. São indissociáveis. Estamos diante de um mistério único que, por escapar à nossa compreensão e ao nosso controle, nos angustia e infelicita.

Certo esteve Epicuro ao dizer que não temia a morte pelo simples fato de que jamais a encontraria, pois enquanto ele estivesse vivo a morte não estaria presente, e quando ela aqui estivesse ele não estaria mais. O argumento do filósofo tem uma lógica perfeita, o problema é que nós não encaramos a morte com a lógica, e sim com a emoção.

Como seres pensantes que somos, tentamos racionalizar repetindo máximas comuns (que no fim não consolam), como: "Para morrer basta estar vivo" ou "Começamos a morrer quando

nascemos". São frases epicuristas, todas encerram uma verdade, só que, quando o assunto é a morte preferiríamos a mentira, a ilusão da imortalidade, o engano de que só existe vida.

"Eu não quero ser imortal por minha obra. Quero ser imortal não morrendo", desabafou Woody Allen, em um de seus momentos geniais. Lamento, Woody, mas não será possível. O que nos resta é viver como se não fôssemos morrer, pensando e glorificando o milagre da vida. Caso contrário, morreremos antes de morrer, como explicou Freud em seu *O mal-estar na civilização*, em que coloca a perspectiva da morte como uma das principais causas da infelicidade humana. Morrer antes de morrer significa não viver, apesar de estar vivo.

A lógica de Epicuro, a ciência de Freud, o humor de Woody Allen: estão todos certos. Errados estamos nós que sofremos pelo que não controlamos, por estarmos acostumados a pensar que somos deuses, que a razão nos fornece o controle, que a vontade é infinita. De repente descobrimos nossas limitações e nos desesperamos. Eu e você morreremos, sim, e isto está certo. O errado é morrer antes de morrer, é não encarar a vida com humor e gratidão, é perder a oportunidade de deixar este mundo melhor com a própria presença.

Expirando em seu leito, o Imperador Augusto, por exemplo, pediu um espelho para ajeitar as madeixas e disse aos que o amparavam: "Se vocês gostaram da encenação, aplaudam, para que eu possa sair de cena feliz". Certo o romano. Morrer é sair de

cena, e só nos resta aceitar que a peça terá um fim e que devemos interpretar nosso papel de viventes como virtuoses deste teatro fantástico.

O segredo para mitigar o sofrimento imputado pela perspectiva da morte está em se acreditar em algo, pois o que nos mortifica é a dúvida. O homem é feito de razão, emoção e crença, e esta se constrói a partir da matéria que compõe as duas primeiras. Crenças são propriedades privadas, são criadas a partir de valores e desejos, existem para tornar nossa vida melhor e só podem ser questionadas por quem as possui.

Epicuro, por exemplo, antecipou a teoria atômica dizendo que tudo é formado por minúsculas partículas em movimento, e acreditava que isso valia para nosso corpo e também para nossa alma. Dizia que o homem e sua alma nada mais são do que matéria em movimento, e que quando esse movimento fosse interrompido não restaria mais nada, seria nosso fim. Esta era sua crença e sua convicção, o que lhe deu tranquilidade até para brincar com esse destino.

Já para os budistas a morte é uma ilusão, pois nada morre de verdade, muito menos a alma, nossa verdadeira essência. O que importa é alcançar o nirvana, o paraíso. Mas, cuidado, para alcançar o verdadeiro nirvana é preciso estar iluminado e, para isso, precisamos conquistar o primeiro nirvana, o que existe enquanto ainda estamos neste mundo. Este seria um estado

psicológico elevado, amoroso e sem ansiedade, o que só pode ser alcançado com desapego e meditação. Em outras palavras, para alcançar o nirvana do céu e se tornar eterno, o homem precisa construir seu próprio nirvana na Terra, a partir de sua decisão e de suas atitudes.

Aparentemente opostos, os pensamentos epicurista e budista têm algo em comum. Ambos creditam à vida como a conhecemos todo o mérito. Para o epicurismo esta é a única vida, portanto precisa ser vivida plenamente; para o budismo o nirvana final, espiritual, só será alcançado através do nirvana terrestre, psicológico. Ambas as teorias propõem que se dê valor à vida, procurando fazer o bem e transformando-a em algo que valeu a pena.

Já que não podemos fingir que a morte não existe só nos resta criar a crença mais confortável, e isso varia imensamente entre as pessoas. A morte é um mistério, mas a vida também é. Só que temos a ilusão de entender a vida porque ela pode ser percebida pelos órgãos dos sentidos. Medimos, pesamos, tocamos a vida. A morte não, ela é metafísica, misteriosa, está além de qualquer interpretação lógica. Sabemos o que é o fim da vida, mas não sabemos o que é a morte.

Como não sabemos, só nos resta acreditar. E crença é imaginação, não certeza, mas seu poder é irrefutável, pois é capaz de usar os pensamentos para acalmar os sentimentos. No fim é isso que importa, pensar e sentir para poder viver. Há apenas

dois modos de abordar a morte enquanto existe vida: ignorá-la ou pensá-la. A primeira de nada adianta enquanto a segunda ao menos traz mais cartas para o jogo da vida criando novas perspectivas.

No fundo, o que assusta na morte são três fatores: o desconhecido, que é sempre amedrontador; a resistência a abandonar a vida, o que é próprio dos instintos; e, digamos, a passagem, que pode estar carregada de sofrimento. Como diz um amigo meu, com seu humor peculiar: "Acredito que a vida e a morte sejam, ambas, boas. O problema é a transição".

Estamos, sim, acostumados com a ideia da morte, o que provavelmente nunca nos acostumaremos é com a presença da morte em nossa vida. A morte é algo genérico, impessoal, é um dos fatos da humanidade, aquela multidão à qual, por acaso, pertencemos. Aceitamos a ideia da morte, pois somos racionais, mas reagimos fortemente a ela em duas circunstâncias: quando é prematura ou quando é próxima.

Não gostamos de saber que gente jovem morre, não parece natural. Há um quê de injustiça nos soldados que não voltam da guerra, nos rapazes e moças que se misturam às ferragens de seus carros nas noites de final de semana, nas crianças com leucemia nos hospitais ou nas crianças com fome nos países miseráveis. Ninguém deveria morrer sem ter tido a chance de viver bastante, pensamos.

Também não gostamos da morte por perto, ceifando alguns dos nossos, levando nossos avós, convocando nossos pais. É quando a morte é má de verdade, porque nos priva de nossos entes queridos e porque se faz lembrar, se mostra com força e faz questão de deixar claro que vai voltar, é apenas uma questão de tempo.

Pelo menos a maioria de nós tem motivos para se alegrar por ter vivido. Seja qual for o mistério, a aventura de viver é muito boa. Apesar dos percalços, claro, porque nem tudo são flores, mas aprendemos a lidar com eles. Não é possível não conhecer o sofrimento, ele pertence à nossa condição de viventes. E entre eles, às vezes camuflada pelo cotidiano, está a morte, espreitando.

A fé, a psicologia, a filosofia, a literatura, o misticismo, todos são pródigos em abordar o tema da morte, mas nunca nenhum desses construtores do pensamento humano teve coragem para negar dois fatos: que todos teremos de lidar com a morte, nossa e de outros; e que nós sofreremos com isso.

Provavelmente não seria inteligente não morrer, a vida eterna seria muito cansativa. Mas, com certeza, não é inteligente morrer antes de morrer. Por isso, um texto sobre a morte é inócuo, a não ser que seja uma conclamação à vida. Viver de verdade é a única garantia de, quando chegar a hora, tenhamos mais curiosidade que medo, como aconteceu com Daisy Fuller.

22 QUANDO ALGUÉM VAI EMBORA

A sensação de vazio que se abre em nosso peito quando alguém querido se afasta é um sentimento que pode ser bom.

Cheguei em Uberlândia para proferir uma palestra para pais e professores de um colégio local. Uma simpática professora me esperava no aeroporto e no trajeto até a escola fomos conversando sobre o ambiente escolar, sobre a alegria dos alunos e suas dificuldades, sobre a indisciplina, a comunicação entre gerações diferentes, coisas assim. A palestra seria à noite em um centro de convenções, mas eu havia pedido para conhecer o colégio, pois tínhamos algum tempo.

No caminho ela me disse algo curioso, como que preparando meu espírito: "Não estranhe, professor, nosso colégio normalmente é muito alegre, mas hoje o ambiente está muito triste.

Provavelmente você vai ver algumas alunas chorando". Não consegui não estranhar o comentário. Quando perguntei o que tinha acontecido ela explicou: "É que é o último dia da Candice, uma aluna de intercâmbio do Canadá. Ela está indo embora amanhã".

E ela tinha razão. Em vários momentos senti a tristeza no ar, como se houvesse um luto. A Candice deveria ser muito querida, pois sua despedida estava repercutindo em todo o colégio, e não apenas na sala em que ela estudara naquele ano.

Era o mês de agosto e ela tinha de voltar à sua terra, onde as aulas começam em setembro. A menina voltaria para Vancouver, a bela cidade da costa oeste canadense, e o colégio de Uberlândia, no Triângulo Mineiro, seguiria sua rotina, mas não seria mais o mesmo. Candice tinha deixado uma marca na vida de colegas que tinham se acostumado com sua presença, sua alegria, seu sorriso. A poderosa marca da amizade.

Durante minha palestra não pude não me referir ao fato. E lembrei que um colégio é uma espécie de entreposto de emoções, pois por ali passam anualmente alunos, professores, pais, funcionários, criando um ambiente de convivência, com idiossincrasias, alegrias e tristezas. Um fractal da vida humana. E de repente vêm os finais de ano, as formaturas, e com ele as alegrias dos novos ciclos e as tristezas das despedidas.

Os garotos e garotas de certa forma estão sendo preparados para o que se repetirá ao longo de suas vidas. Encontros e

separações, afinidades e desencontros. Pessoas que invadem nossa alma como posseiros, semeando ilusões que se dissolvem de repente quando ouvimos um "Tchau, estou indo embora!". Como assim, indo embora? Você me conquistou, tornou-se meu amigo, uma pessoa importante para mim, virou coproprietário de meu coração e agora simplesmente vai embora? Assim, sem mais nem menos?

"Você é responsável por mim", diria o Pequeno Príncipe, "pois você conquistou minha amizade e meu afeto. Agora assuma sua responsabilidade!" Eu bem que gostaria, mas é a vida que não deixa. Ela tem uma lógica própria que não respeita os viventes – responderia o homem grande. A lógica da vida é que temos de seguir nossos rumos, fazer nossa parte dentro do grande agrupamento humano. Os casos particulares são irrelevantes para a grande dança da raça humana. A vida segue seu curso e nós ficamos chorando nossas perdas nas esquinas, mesmo sabendo que há novas conquistas ao atravessar a rua.

Não há perda de verdade quando alguém se vai, a não ser que esteja deixando esta vida. Mas há, sim, o sentimento de perda, e os sentimentos, apesar de serem frutos da realidade, não são a realidade, são sua ilusão, sua máscara veneziana, que pode parecer que ri ou que chora, mas é apenas isso, uma máscara que será trocada por outra daqui a pouco.

Ninguém está livre de sofrer com separações, a não ser que se condene a não estabelecer relações. Quem mais padece com

despedidas são as pessoas que mais fazem amigos, que mais colocam seu afeto à disposição do outro. Se me fosse dado escolher, eu preferiria ter sofrido ainda mais por ter tido mais despedidas de pessoas que foram importantes, mas que me deixaram porque eram ainda mais importantes para si mesmas, e precisaram seguir seus rumos.

A vida é feita de escolhas, não temos como fugir disso. Conheço pessoas que escolhem não se envolver para evitar o sofrimento da separação. Não aceitam o risco e tal separação, em certos casos, não é um risco, é uma certeza. Você ganha um cãozinho e sabe que ele vai viver muito menos que você – a separação, neste caso, é definitiva e é uma consequência natural. Não é pequeno o número de pessoas que preferem evitar esse apego como estratégia para não sofrer mais tarde.

"Viver é um risco", escreveu Leo Buscaglia. "Estender a mão aos outros é arriscar-se a se envolver. Mostrar seus sentimentos é expor sua humanidade. Amar é arriscar-se a não ser amado. Chorar é arriscar-se a parecer sentimental. Tentar é arriscar-se ao fracasso", continua, para depois concluir: "Mas os riscos têm que ser corridos, pois o maior perigo na vida é não arriscar-se a nada. A pessoa que não arrisca nada não faz nada, não tem nada e não é nada. Pode evitar o sofrimento e o pesar, mas não pode aprender, sentir, mudar, crescer, viver ou amar. Acorrentado por suas certezas e vícios, é um escravo. Sacrificou o seu maior

predicado, que é a sua liberdade individual. Só a pessoa que arrisca é livre."

Sim, envolver-se com alguém, fazer amizades, gostar e se fazer gostar, criar laços humanos no trabalho, ter relações amorosas, todos são riscos, pois muito provavelmente haverá separações e elas serão dolorosas, creia.

Certa vez, quando estudava química, comparei as relações humanas com o movimento Browniano, a dinâmica caótica das partículas em suspensão. Duas partículas se aproximam propelidas por sua velocidade, mas imediatamente se afastam repelidas pela carga elétrica que possuem. Isso cria uma nova direção para o movimento de ambas, que se aproximarão de outras partículas e delas se repelirão novamente. A dinâmica atômica e a dinâmica das relações humanas guarda alguma semelhança.

A vida nos coloca em contato com pessoas, somos atraídos a elas por semelhanças, valores, afinidades, afetos e interesses. E somos afastados pelos destinos particulares, objetivos privados e sonhos íntimos. Todos tivemos Candices em nossas vidas, pessoas que foram – e são – importantes, mas que partiram, tiveram de seguir sua rota pessoal, e deixaram sua marca em nossa alma para sempre. Na despedida vivemos a lógica cruel de aceitar o afastamento com a cabeça, mas de o negar com o coração.

As relações, quando começam, nunca prefixam seu fim, ainda que a lógica pareça insistir para que isso se faça. As relações que valem a pena não são as eternas, são as infinitas. Foi Vinicius que nos alertou, falando do amor: "Que não seja imortal, posto que é chama; mas que seja infinito enquanto dure". Ser infinito não é ser eterno, é ser intenso, integral, forte.

Eu já tive amizades que duraram pouco, pouquíssimo, algo como uma viagem de avião, mas que foram intensas, infinitas, no dizer do poeta. Lamentei sua brevidade. E tive relações longas, porém insípidas. Quase eternas, mas sem a intensidade do infinito. Qual é a que vale mais a pena? O que é mais interessante, quantidade ou qualidade?

Lembro que o último ano da faculdade foi muito difícil, e havia vários motivos para que assim fosse, pois o sexto ano de medicina não é exatamente um passeio. Estávamos todos cansados, alguns verdadeiramente esgotados com a rotina de plantões, visitas clínicas, reuniões, aulas extras. Felizmente faltavam poucas semanas para o fim do ano e do curso. Depois, a formatura com suas festas tradicionais, antes de iniciar o novo ciclo de vida.

Percebemos, então, que havia um clima estranho entre nós, algo difícil de entender, como se os sentimentos estivessem embaralhados. E estavam. Foi quando um colega, estressadíssimo depois de um plantão de final de semana, entrou no vestiário dos plantonistas proferindo fortes palavras de desabafo, todas impublicáveis. Outro colega, então, fez um comentário

lento e profundo: "Sabe, vou sentir muita falta de seu mau humor, meu caro".

O riso foi geral, e o primeiro colega teve que aguentar muita gozação. Mas depois nos detivemos a pensar se seria mesmo possível sentir falta do mau humor de alguém. É claro que não era da cara de azedo que o colega estava portando naquele momento que sentiríamos falta. Era dele. Com todas as qualidades e defeitos que ele e todos nós temos. Seu desabafo naquele momento não era só seu, era de todos nós, pois ele era um de nós. Alguém do grupo, da tribo que tinha passado seis anos juntos, estudando, sonhando, brincando, jogando bola, tomando cerveja.

Seis anos que, quando se tem 20 e poucos anos, parecem muito mais. Foram 72 meses inesquecíveis, pelo aprendizado, pelas conquistas, pela dureza das provas e dos plantões, pela tristeza das mortes, pelos sonhos de vida da juventude. Entramos calouros ingênuos, felizes, mas excitados com a expectativa do curso de medicina que começava. Estávamos saindo doutores, também ingênuos, também alegres e também excitados com a expectativa da vida pela frente.

Nesse tempo experimentei, pela primeira vez, o espírito de coleguismo verdadeiro. Eu estava feliz com o final de curso e com o começo de uma nova vida, mas como faria para viver sem a presença da amizade constante deles? Eles estavam indo embora, todos estávamos, aliás. Alguns ficariam na cidade, outros não. Havia vários deles de malas prontas para os Estados Unidos

e um iria para a Espanha. Muitos voltariam para o interior ou para seu estado de origem. A tribo, enfim, estava se espalhando pelo planeta. Agora era cada um por si.

Hoje não sei onde está a maioria de meus amigos daquela época. Não sei se todos tiveram carreiras brilhantes, se se casaram, quantos filhos geraram, quantas vidas salvaram. Talvez alguns deles já tenham partido definitivamente. Mas, por outro lado, sei, sim, onde eles estão. Em minha memória, e em um canto especial de meu coração. Que bom que eu tenho de quem lembrar, de quem sentir saudades e a quem agradecer por ter feito parte de minha história e por me ajudar a ser o que hoje sou, este conjunto de retalhos da vida que passou... e que segue.

23 FAZENDO AMIZADE COM O TEMPO

Na dimensão temporal atual, o passado recebe o nome de memória, e o futuro tem vários pseudônimos, como sonho, desejo, medo e esperança.

Os gregos, que encontravam explicação para tudo por meio das forças emanadas pelo monte Olimpo, não se contentavam em ter um deus do tempo, tinham logo dois: Chronos e Kairós. Um só deus grego não seria suficiente para explicar a relação do homem com o tempo, tamanha a tensão que existe entre ambos.

A única proeza em que o homem teve sucesso, a respeito do tempo, foi conseguir medi-lo. Para isso, analisou ciclos, como os movimentos da lua e do sol, observou seu efeito sobre a natureza e então padronizou os tempos, do ano, das estações e dos dias, posteriormente divididos em frações, chamadas, horas, minutos, segundos. Em sua arrogância, o humano acreditou que, ao medir o tempo, o controlaria. Doce ilusão. As medidas só serviram para aumentar a sensação da passagem veloz do tempo, que escorre pelas mãos, como a água que, formada por moléculas, sempre encontra um caminho para seguir seu destino, que é a gravidade. O tempo é assim, líquido, escorre pelas mãos, atraído pela gravidade do destino.

Mas nem tudo está perdido, pois nós, humanos, podemos ser apenas pobres mortais, mas temos uma ferramenta que nos permite controlar, se não o tempo, nossa própria existência. Ela se chama consciência. E nos permite conviver com o tempo a partir de três visões: da física, da metafísica e da ética. Do ponto de vista físico, o tempo pode ser medido; no âmbito da metafísica, o tempo pode ser sentido; e, de acordo com a ética, o tempo deve ser vivido.

A física é a relação mais óbvia, como já foi visto, e é utilizando um instrumento físico que passamos a medir o tempo. O relógio é esse instrumento e, mesmo com variações de precisão e de estética, cumpre sua função de nos alertar para os horários e a passagem do tempo. Mas é tudo o que ele faz, nos avisa que o tempo passa e o que faremos com essa informação é problema nosso.

Do ponto de vista do que está além da física, o tempo é uma sensação, portanto ele tem duração variável, contrariando os

relógios. Dois minutos de broca do dentista são mais longos do que 16 minutos escutando o "Bolero de Ravel" ao lado da pessoa amada.

E, quanto à ética, ela nos alerta para um fato óbvio só para os mais conscientes: o tempo é um recurso escasso, que não pode ser reposto, e sua qualidade dependerá do que fizermos com ele. Como disse Marcel Proust, "O amor é o espaço e o tempo tornados sensíveis ao coração", e ele entendia do assunto, pois dedicou uma década e meia de sua vida para escrever cerca de 4 mil páginas que foram publicadas em sete volumes dedicados à relação humana com seus valores, entre eles, o tempo.

A esta obra completa, o escritor francês chamou *À la recherche du temps perdu* (Em busca do tempo perdido). No último volume, *O tempo reencontrado*, o autor faz várias voltas ao passado, e descobre que só a memória poderá se defrontar com o tempo, e que nossa paz interior será proporcional ao que a memória encontrar na volta ao passado ou seja, a qualidade que demos ao tempo que nos foi dado viver.

O tempo está à nossa disposição, mas é ele que dispõe de nós. Por isso estabelecer com ele uma relação de paz é um ato de sabedoria. Sentir e medir o tempo são aparentados, pois ambos nos permitem perceber seu andar ininterrupto. Como? Bem, sentir e medir o passar das horas são iniciativas úteis, pois nos ajudam a decidir o que faremos com o tempo de que dispomos. Assim,

nossa paz com o tempo será diretamente proporcional à paz que estabelecemos com nossas escolhas e nossas decisões. E estas são pessoais, relativas aos valores de cada um.

O cientista inglês Stephen Hawking, que ocupa na Universidade de Cambridge a mesma cadeira que já foi de Isaac Newton, escreveu um livro chamado *Uma breve história do tempo*. Em dado momento, em meio a intrincados conceitos científicos, ele pondera que o tempo tem de ser analisado a partir de três setas: a seta cosmológica, que explica a expansão do universo, a seta termodinâmica, que explica a modificação constante das coisas, e a seta psicológica. Sim, o físico mais importante da atualidade não consegue analisar os fatos do tempo sem recorrer à psicologia. Os enigmas intrincados da matéria relacionam-se com os mistérios do tempo desde sempre, mas quando o homem passou a protagonizar essa peça no palco no Universo, seus pensamentos e sentimentos acrescentaram novos ingredientes ao roteiro, às vezes de comédia, às vezes de tragédia.

A maior contribuição da física nesse assunto é a ideia da relatividade. As sofisticadas descobertas de Einstein sobre a velocidade da luz nos levaram a abandonar a ideia de tempo único e absoluto. Então "o tempo se tornou um conceito mais pessoal, relativo ao observador que o está medindo", diz Hawking. Nossa relação com o tempo se faz a partir de nossos valores, opções, decisões e culpas. É o tempo psicológico. Eu dedico

mais tempo ao que tem mais valor para mim. O problema é conhecer seus valores.

Voltando aos gregos, Chronos é o deus do tempo medido, por isso usamos expressões como cronograma, cronologia, cronômetro. Nos livros de mitologia ele é representado como um deus malvado, que come seus próprios filhos, simbolizando o que o tempo faz conosco atualmente – parece que ele nos devora. Já Kairós é o deus do tempo vivido, das escolhas que fazemos, da maneira como nós aproveitamos a vida. Chronos é quantitativo, Kairós é qualitativo.

A primeira sensação é a de que Chronos é inimigo e Kairós, amigo. O primeiro quer subjugar, e o segundo, libertar. Mera sensação, pois, na prática, precisamos de ambos, uma vez que não podemos escolher a felicidade sem nos organizarmos para alcançá-la. Kairós nos estende a mão, Chronos nos empurra. Mas é necessário que saibamos o que queremos e que consigamos nos organizar. Simples assim. Simples, mas não fácil, claro.

A mitologia ilustra bem essa angústia humana. Zeus, o mais poderoso deus do Olimpo grego, era filho de Chronos, mas nenhum dos dois conhecia esse parentesco, mantido em segredo por Rhéa, mãe dos filhos de Chronos. Porém, Zeus só assume a posição de poder quando enfrenta Chronos e o vence em uma batalha. Ele havia sido sabiamente aconselhado a não matar

seu oponente, pois assim ele estaria matando o próprio tempo, e ficaria, então, aprisionado no instante, sem futuro nem memória. A estratégia de Zeus foi vencer Chronos cortando seus tendões e amarrando sua cabeça aos pés, criando um círculo com seu corpo. A partir de então, o deus do tempo passou a ser, também, o deus das ações repetitivas, como o dia e a noite e as estações do ano – os eventos circulares.

Na prática, Zeus conquistou Chronos e o dominou, administrou. Nossa vida moderna não difere disso. Todos temos 24 horas por dia à nossa disposição, mas estou certo de que você conhece pessoas que aproveitam bem essas horas, produzem, trabalham, estudam, cuidam-se, divertem-se, cultivam as relações. E também conhece outros que se queixam da falta de tempo, da velocidade dos acontecimentos, da sensação de impermanência e da falta de controle. Na prática, o que acontece mesmo é exatamente a falta de controle, de ação da lógica na organização de suas prioridades. A agenda não escraviza, ao contrário, liberta, confere autonomia, possibilidades, alcances.

Mas gestão é a segunda palavra-chave; a primeira é escolha. Fazemos nossas escolhas a partir de nossos valores e criamos uma estratégia para atingir nossos propósitos. Estratégias dependem de recursos, entre eles, o mais caro e raro: o tempo.

Muito se fala que a única coisa real é o presente, pois o passado não existe mais e o futuro ainda está por vir. Há uma lógica

nessa observação, mas é uma lógica primitiva, pois esses tempos são totalmente interligados e interdependentes.

É verdade que o presente é a única realidade prática, mas também é verdade que é nesse instante que se inserem o passado e o futuro. Na dimensão temporal atual, o passado recebe o nome de memória, e o futuro tem vários pseudônimos, como sonho, desejo, medo e esperança. O futuro não é algo que vai existir, o futuro existe agora.

Aliás, o futuro só existe no presente, pois, quando no futuro, o futuro se tornar presente, ele deixará de ser futuro. Parece óbvio, mas escapa à percepção cotidiana da maioria das pessoas. E escapa também o fato de que o futuro se tornará presente, e quando isso acontecer, ele será melhor ou pior a depender das providências tomadas no presente, neste presente.

Em outras palavras, só vivemos no presente, mas estamos fortemente conectados ao passado – que nos ensina –, e ao futuro – que nos motiva. Viver é estar atado a essa tríade temporal, doce ou amarga, dependendo da consciência de cada um. Fazer as pazes com o tempo é a verdadeira sabedoria, só que "A sabedoria não se transmite, é preciso que nós a descubramos fazendo uma caminhada que ninguém pode fazer em nosso lugar e que ninguém nos pode evitar, porque a sabedoria é uma maneira de ver as coisas", também disse Proust.

Sim, a sabedoria é uma maneira de ver as coisas, mas isso exige intenção, disposição e coragem. O problema é que desenvolvemos

essas três qualidades em épocas diferentes de nossa vida, por isso a maturidade às vezes tarda; ela depende do tempo. O mesmo tempo que exige maturidade para ser bem escolhido e controlado, em outras palavras, para ser vivido.

24 BRINCAR NÃO TEM IDADE

Se você, adulto ciente e responsável, ainda não desatou a brincar, é porque ainda lhe falta maturidade.

Alguns mitos precisam ser derrubados. Um deles é que a infância termina quando ficamos grandes. Quem pensa assim considera a infância apenas uma fase da vida, um ciclo biológico durante o qual o corpo cresce aceleradamente e importantes mudanças fisiológicas acontecem. Mas há quem considere a infância mais do que isso: é um estado de espírito, cheio de qualidades que promovem o desenvolvimento da alma e, ao pensar dessa forma, aceitam que ela não termina quando começa a idade adulta. Ao contrário, persiste por toda a vida. Estou neste grupo, e pretendo, aqui, defender minha posição.

Começo argumentando que há pelo menos três qualidades na criança necessárias para permitir sua interação com mundo em que acabou de chegar: a curiosidade, a imaginação e a transgressão criativa. A primeira serve para que ela acelere o processo de percepção e entendimento do mundo; a segunda para que ela crie, em sua cabecinha, o mundo que ela deseja, sem as mazelas que vai percebendo que existem; e a terceira para que ela ouse modificá-lo para dar lugar a esse mundo ideal.

Sem essas três características humanas, que nascem conosco, provavelmente ainda estaríamos na Idade da Pedra, comendo raízes e carne crua. Foram elas que promoveram a evolução, o desenvolvimento, todo o conjunto de coisas que inventamos ao longo de todos esses séculos. Pois bem, essas qualidades são infantis, primárias, precoces, mas podem perdurar pela vida, conservando, no adulto, um jeito de criança.

O problema é que nós teimamos em acabar com essas qualidades quando crescemos, porque alguém – provavelmente um grande chato – disse que elas não combinam com ser sério e responsável. Ora, o que seria dos inventores, dos artistas, dos poetas, dos cientistas e dos grandes promotores de mudanças se eles não tivessem conservado em si a curiosidade, a imaginação e a transgressão? Aliás, foi Einstein que disse que a imaginação é mais importante que o conhecimento. E depois foi tirar aquela foto de língua para fora, brincando com o fotógrafo e com o mundo.

Estou escrevendo este texto nos Estados Unidos, aonde vim para um curto período de estudo e, claro, também diversão. Aqui eles têm um ditado curioso a esse respeito. Dizem: "*The difference between men and boys is the price of the toys*" (a diferença entre homens e meninos é o preço dos brinquedos). Eu sei, trata-se de uma frase com forte apelo capitalista e de gosto duvidoso. Mas mostra como funciona a cabeça desse povo que desenvolveu a maior indústria de entretenimento do mundo.

Por acaso, uma das pessoas que conheci foi o dr. Elkhonon Goldberg, neurocientista de origem russa, pesquisador na Universidade de Nova York e autor de vários livros, entre eles *O paradoxo da sabedoria*, em que ele mostra que a mente pode manter-se lúcida e ativa apesar do envelhecimento do cérebro. Uma das condições, ele insiste, é manter-se capaz de brincar, especialmente consigo mesmo. Quando cheguei ao seu gabinete, exatamente ao meio-dia, como combinado – o dr. Goldberg é pontual –, ele abriu a porta e foi logo me perguntando se eu me incomodava com a presença de animais. Eu respondi que não, que gostava muito, que tinha duas cachorras e uma gata em casa. Ele então me fez entrar e eu vi em cima do sofá um imenso mastim napolitano que atendia pelo nome de Britt. Quer dizer, atendia em termos, porque demorou a convencê-lo a ceder o sofá para a visita. Dr. Goldberg é uma pessoa bem-humorada. Brinca o tempo todo, de um jeito que, talvez, para os mais sisudos pareça que não combina com um cientista de renome

mundial. Mas ele é assim, e em minutos eu já estava totalmente à vontade.

Ao longo da conversa entramos no assunto da importância dos estímulos ambientais para o desenvolvimento do cérebro. Foi quando ele conseguiu me surpreender ainda mais. Esticou o braço e pegou da estante um livro em russo, escrito no começo do século XX, em que o autor já se referia a esse tema. Era um original de Lev Vigotsky, um dos maiores pensadores em educação que o mundo já produziu e, para encanto meu, havia nele uma dedicatória de sua viúva, que o presenteou diretamente ao nosso doutor.

Vigotsky diz que o processo de brincar não torna o brinquedo um mero utensílio de distração, mas um gerador de situações imaginárias. Ele aponta em seu livro *A formação social da mente* que toda brincadeira, por mais livre e espontânea que pareça, é regida por regras "ocultas". A principal delas é que a criança quando brinca está sendo totalmente espontânea, pois está brincando de ser ela própria, ou seja, ela brinca de ser criança. Mesmo que, em sua brincadeira ela esteja imitando um adulto – um piloto ou um bombeiro, por exemplo – ela sabe que está brincando de criança que imita o adulto.

Assim, o psicólogo russo concluiu que toda situação imaginária contém "regras de comportamento" escondidas, sendo que o inverso não invalida o outro, também uma brincadeira com regras possuiria, mutuamente, uma situação imaginária. Esse é o

caminho fundamental para o desenvolvimento da mente humana – a brincadeira –, pois trata-se de uma idealização da realidade, a partir da qual a criança começa a sentir-se parte do mundo, exercendo, inclusive, o poder de modificá-lo. Manter-se capaz de brincar pela vida afora é manter a capacidade de interagir com a realidade da melhor forma, com humor, imaginação e alegria.

Fragmentar a diversão como objeto de estudo é algo tão intrincado quanto completar um quebra-cabeça com mais de mil peças, mas também não é algo tão difícil quanto ganhar superpoderes para salvar o mundo do mal. A primeira peça mostra que é só na alegria que a criança coloca-se inteira. É fácil deduzir que se ela considerar o ato de aprender uma brincadeira, isso aumentará em várias vezes sua capacidade de se concentrar.

Quem explica isso é a biologia. O biólogo evolucionista Marc Bekoff, da Universidade do Colorado, descobriu, ao comparar o cérebro humano com o de outros mamíferos, que há, entre eles, muitas semelhanças. Uma delas é a produção do neurotransmissor dopamina, responsável pela sensação de alegria e que também ajuda na construção de novas possibilidades. Em outras palavras, ajuda a aprender. “Brincar leva a uma flexibilidade mental e a um vocabulário comportamental mais amplo que auxilia o animal a obter sucesso no que importa: dominância do grupo, seleção de companheiros, prevenção de captura e busca por alimento”, disse Bekoff. Dessa forma, homem e bicho funcionam de forma similar;

ambos criam crescentes conexões nervosas ao longo da brincadeira, que ajudam a formar uma cabeça mais ágil e apta ao novo.

Mas há gente que vai ainda além. Gilles Brougèr, um dos maiores especialistas em jogos e brinquedos do mundo, salienta que o passatempo é mais rico em significações do que imaginamos. "O brinquedo é um dos reveladores de nossa cultura, incorpora nossos conhecimentos sobre a criança ou, ao menos, as representações largamente difundidas em que circulam as imagens que nossa sociedade é capaz de segregar."

Então o brinquedo, embora inofensivo, seria o grande objeto que vive à sombra da sociedade; ele revela o que pensamos das crianças e, sem querer querendo, dá contornos lúdicos àquilo que mais expressamos. Dessa forma, o brinquedo seria a manifestação de nosso pensamento atual com um formato de pequenos bonecos de plástico. Como se vê, não dá para parar de brincar. A humanidade perderia a capacidade de entender a si mesma.

Desde a Grécia, os antigos – e sapientíssimos – habitantes já usavam o ato lúdico para criar e curar. Arquimedes já citava que "Brincar é a condição fundamental para ser sério"; os atenienses concediam peças musicais, teatros e espetáculos de comédia aos doentes; no século XVI, os médicos já diagnosticavam o entretenimento como o melhor medicamento para todos os males – "a alegria dilata e aquece o organismo, já a tristeza contrai e esfria o corpo". Enfim, se você, adulto ciente

e responsável, ainda não desatou a brincar, é porque ainda lhe falta maturidade. Deixar-se levar pela imaginação, não ter medo de ir contra a maré da "adultice", dar risada de si mesmo, abraçar a espontaneidade, correr, gritar, pular, usar o siso somente quando necessário e abusar – e muito – do riso.

Com relação aos baixinhos em casa, não tente transformá-los em miniadultos. Cursar novas línguas pode fazer bem à mente. Praticar esportes pode estimular o corpo. Aprender a tocar violoncelo pode lavar a alma. Mas desde quando rechear o dia do seu filho com tantas atividades é sinônimo de qualidade? Celular, computador, agenda cheia. Quando ele tem tempo para brincar sem estar preso à grade de horário? É difícil conciliar estudo e diversão em tempos que as escolas priorizam formar cidadãos mais "competentes para o mercado de trabalho" do que "aptos à vida". Contudo, é bom ressaltar que aprender e brincar se complementam. Divertir-se estimula a criatividade e abre novos caminhos ao aprendizado.

Não tenha pressa em tornar seu pimpolho um pequeno sisudo. Ele adquirirá competências de gente grande de um jeito ou de outro, cada um a seu tempo. Deixe que ele lembre você de um tempo passado que pode continuar ainda hoje – se você quiser –, e ensinará que a infância não morre tão fácil, pois que ela é como grude, cola em nós feito esperança.

Num cemitério do Rio de Janeiro está um túmulo diferente. Nele há uma lápide que revela o espírito de quem ali repousa. Diz: "Aqui jaz Fernando Sabino, que nasceu homem e morreu menino". A frase, criada pelo próprio escritor mineiro para imortalizar seu maior valor – a capacidade de brincar –, nos foi entregue como um presente, uma dádiva que nos faz, ao mesmo tempo, sorrir e pensar, simbolizando o encontro das qualidades que nos fazem verdadeiramente humanos – a razão e a emoção.

O poeta foi alguém que disse o que sentia. Por isso foi um poeta.

GLOSSÁRIO

Alguns autores, estudiosos e cientistas citados neste livro

Adler, Alfred (1870–1937) Médico e psicólogo austríaco, criador da Escola de psicologia do desenvolvimento individual. Foi o criador do famoso conceito de complexo de inferioridade.

Arendt, Hannah (1906–1975) Influente filósofa política alemã de origem judaica. Perseguida na Alemanha, emigrou para os EUA, onde foi professora da Universidade de Chicago e da New School of Social Research. Seu trabalho filosófico engloba temas como política, autoridade, totalitarismo, educação, condição laboral, violência e condição de mulher.

Asimov, Isaac (1920–1992) Escritor e bioquímico norte-americano, nascido na Rússia, mestre do gênero da ficção científica. Suas obras mais conhecidas (e transformadas em filmes por Hollywood) foram *Viagem fantástica* (1966), *Eu, Robot* (1950) e *O homem bicentenário* (1976).

Bonder, Nilton (1957) Rabino e líder espiritual da Congregação Judaica do Brasil, nasceu em Porto Alegre. Graduado em Engenharia Mecânica pela Universidade de Columbia, é doutor em Literatura Hebraica pelo Jewish Theological Seminary. Seus livros mais conhecidos são *A cabala da comida*, *A cabala do dinheiro*, *O segredo judaico da resolução de problemas* e *A alma imoral*.

Buscaglia, Leo (1924–1998) Professor e escritor americano. Incansável defensor da felicidade e dos preceitos do amor. Publicou *Amor*, *Vivendo, amando e aprendendo*, *Assumindo a sua personalidade*, *A história de uma folha* (infantil) e *Amando uns aos outros*, entre outros.

Camões, Luis (1524–1580) Poeta português, considerado uma das maiores figuras da literatura em língua portuguesa e um dos grandes poetas do Ocidente. Sua obra mais conhecida é a epopéia *Os Lusíadas* (1556), que narra a história de Vasco da Gama e dos heróis portugueses que navegaram em torno do Cabo da Boa Esperança e abriram uma nova rota para a Índia.

Compte-Sponville, Andre (1952) Filósofo francês, autor de uma obra filosófica descomplicada bastante popular na França e fora dela, na qual ele transita por temas clássicos, como o amor, a felicidade e as urgências da vida contemporânea. Seus livros mais conhecidos são *O capitalismo é moral?* (2004) e *O pequeno tratado das grandes virtudes* (1995).

Dawkins, Richard (1941) Biólogo e evolucionista britânico, de origem queniana. Dawkins é conhecido principalmente pela sua visão evolucionista centrada no gene, exposta em seu livro *O gene egoísta* (1976).

De Masi, Domenico (1938) Professor de sociologia do trabalho na Universidade La Sapienza, de Roma, escreveu diversas obras, como *A emoção e a regra, A sociedade pós-industrial, O ócio criativo* e *O futuro do trabalho.*

Erikson, Erik (1902–1994) Psiquiatra de origem alemã, naturalizado americano, foi responsável pelo desenvolvimento da *Teoria do desenvolvimento psicossocial na psicologia* e um dos teóricos da *Psicologia do desenvolvimento.* Bastante conhecido pela expressão "crise de identidade".

Follet, Mary Parker (1868–1933) Norte-americana de Massachusetts, com formação em economia, filosofia e administração pública pelo Radcliffe College – hoje parte integrante de Harvard –, trouxe uma nova dimensão à teoria e à pratica da gestão, dando importância às relações individuais, a motivação, a gestão dos conflitos e ao dinamismo das organizações. Considerada muito avançada para o seu tempo, suas ideias continuam a influenciar nos dias de hoje.

Ford, Henry (1863–1947) Fundador da Ford Motor Company. Pioneiro na criação da fábrica moderna, implantou a linha de montagem, produzindo mais carros em menos tempo e a um custo menor.

Freud, Sigmund (1856–1939) Médico neurologista e psiquiatra austríaco. É conhecido como o "pai da psicanálise" por seu pioneirismo nos estudos sobre a mente e por apresentar ao mundo o inconsciente humano. Dentre seus seguidores destacam-se Alfred Adler e Carl Jung. Possui diversas obras publicadas.

Fromm, Erich (1900–1980) Psicanalista alemão, emigrou para os Estados Unidos após a ascensão de Hitler ao poder. Para ele, a personalidade de um indivíduo era resultado de aspectos biológicos, socioeconômicos e culturais, ponto em que discordava de Freud, que privilegiava a influência do inconsciente. Sua obra procura levar à reflexão sobre as diversas formas de totalitarismo e alienação.

Gaiarsa, José Ângelo (1920–2010) Médico psiquiatra, classificava-se como especialista em comunicação não verbal. Polêmico e contestador, seu trabalho versa sobre temas como família, sexualidade e relacionamentos amorosos.

Goethe, Johann Wolfgang (1749–1832) Escritor, poeta, cientista e filósofo alemão. É um dos nomes mais importantes da literatura alemã. Seu trabalho reflete o desenvolvimento das observações por ele colhidas ao longo da vida, marcada por sofrimento, tragédia, ironia e humor. *Fausto*, livro escrito a partir de 1774 e concluído em 1831, é sua obra-prima.

Goldberg, Elkhonon (1946) Neuropsicólogo e neurocientista cognitivo russo, conhecido por seus estudos sobre memória e cognição e pela teoria da "rotinização" da novidade. Foi aluno de Alexander Luria na Universidade de Moscou, tendo emigrado para os Estados Unidos em 1974. Atualmente é professor de neurologia na Universidade de Nova York. Uma de suas obras mais conhecidas é *O paradoxo da sabedoria.*

HERZBERG, FREDERICK (1923–2000) Psicólogo clínico e professor de gestão na Universidade de Utah. Ficou conhecido por seus estudos sobre motivação humana e pela teoria dos dois fatores: os de higiene (como condições de trabalho, salário e *status*) e os de motivação propriamente (como realização, reconhecimento, satisfação no trabalho e desenvolvimento pessoal). Foi também responsável pelo conceito de enriquecimento do trabalho.

HOBBES, THOMAS (1588–1679) Filósofo e teórico político de origem inglesa, suas obras mais conhecidas são *Leviatã* e *Do cidadão,* ambas publicadas em 1651. Defendia que a sociedade só pode viver em paz se todos pactuarem sua submissão a um poder absoluto e centralizado. Além disso, entendia que a Igreja e o Estado formavam um só corpo. O poder central teria a obrigação de assegurar a paz.

LEV VIGOTSKY (1896–1934) Psicólogo e pensador bielo-russo. Dedicou-se principalmente aos estudos sobre processos de aprendizagem que decorrem da compreensão do homem como um ser que se forma em contato com a sociedade. "Na ausência do outro, o homem não se constrói homem", escreveu.

Nietzsche, Friedrich (1844–1900) Filósofo alemão, elaborou críticas devastadoras sobre as concepções religiosas e éticas da vida, propondo uma reavaliação dos valores humanos. Algumas de suas obras mais conhecidas são *A gaia ciência* (1882), *Assim falou Zaratrusta* (1883), *Genealogia da moral* (1887) e *Ecce homo* (1888).

Platão (427–347 a.C.) Filósofo grego, discípulo de Sócrates. Afirmava que as ideias são o próprio objeto do conhecimento intelectual. O papel da filosofia seria libertar o homem do mundo das aparências para o mundo das essências. Platão escreveu 38 obras, conhecidas como *Diálogos.*

Proust, Marcel (1871–1922) Escritor francês, mais conhecido pela sua obra *Em busca do tempo perdido*, publicada em sete partes entre 1913 e 1927 (os três ultimos postumamente).

Reich, Wilhelm (1897–1957) Psiquiatra e psicanalista austríaco-americano. Introduziu na psicanálise a observação das expressões dos olhos e da face, a qualidade da voz e os padrões de tensão muscular. Pioneiro de estudos relacionados a sexualidade.

Rousseau, Jean-Jacques (1712–1778) Membro de família protestante francesa, Rousseau nasceu em Genebra, Suíça. Sua obra abrange uma grande dimensão de pensamento e de complexidade sobre a natureza humana e a sociedade.

Sartre, Jean-Paul (1905–1980) Filósofo e escritor francês, foi um dos principais representantes do existencialismo. Romancista, dramaturgo e crítico literário, Sartre conquistou o Prêmio Nobel, em 1964, mas o recusou. *Crítica da razão dialética* sintetiza sua filosofia política. *O ser e o nada* e *O muro* são algumas de suas obras mundialmente conhecidas.

SÊNECA (4 A.C.–65 D.C.) Foi um dos mais célebres escritores e intelectuais do Império Romano. Sua obra literária e filosófica, tida como modelo do pensador estoico durante o Renascimento, inspirou o desenvolvimento da tragédia na dramaturgia europeia renascentista.

SMITH, ADAM (1723–1790) Economista e filósofo escocês. Denominado o pai da economia moderna, é considerado o mais importante teórico do liberalismo econômico. Autor de *A riqueza das nações* (1776), sua obra mais conhecida.

TAYLOR, FREDERICK WINSLOW (1856–1915) Fundador da moderna administração de empresas. Introduziu um método para aumentar a produtividade, baseado na racionalização da produção em série, que revolucionou a organização das empresas: o processo de produção passava a ser subdividido em pequenos segmentos, que eliminavam movimentos supérfluos, poupando tempo e acelerando o ritmo.

WALPOLE, HORACE (1717–1797) Romancista inglês, inaugurou um novo gênero literário de ficção, o chamado romance gótico. É o criador do termo *serendipty*, fazendo referência à história persa *Os três príncipes de Serendip* e à capacidade dos protagonistas de realizar descobertas acidentalmente.

WELCH, JACK (1935) John Frances Welch Jr. graduou-se em engenharia química pela Universidade de Massachusetts, tendo realizado mestrado e doutorado na mesma área na Universidade de Illinois. Executivo muito bem-sucedido da General Electric (GE) por cerca de duas décadas, é autor do livro *Paixão por vencer: a bíblia do sucesso.* Atualmente é consultor, palestrante e escreve artigos sobre temas da área corporativa.

WILLMUT, IAN (1944) Cientista britânico, conhecido mundialmente como o pai da ovelha Dolly, o primeiro clone de um mamífero a partir de células adultas.

Filmes citados neste livro

- A festa de Babette (*Babettes Gaestebud*). Gabriel Axel. Dinamarca, 1987.
- As pontes de Madison (*The bridges of Madison County*). Clint Eastwood. EUA, 1995.
- Como água para chocolate (*Como água para chocolate*). Alfonso Arau. México, 1992.
- Dr. Jivago (*Dr. Zhivago*). David Lean. EUA, 1965.
- Easy Rider – Sem destino (*Easy Rider*). Dennis Hopper. EUA, 1969.

- Encontrando Forrester (*Finding Forrester*). Gus Van Sant. EUA, 2000.
- Estômago. Marcos Jorge. Brasil, 2009.
- 9 1/2 semanas de amor (*Nine 1/2 weeks*). Adrian Lyne. EUA, 1986.
- O curioso caso de Benjamin Button (*The curious case of Benjamin Button*). David Fincher. EUA, 2008.
- Sem reservas (*No reservations*). Scott Hicks. EUA, 2007.
- Sociedade dos poetas mortos (*Dead poets society*). Peter Weir. EUA, 1989.
- Tempos Modernos (*Modern times*). Charles Chaplin. EUA, 1936.
- Uma mente brilhante (*A beautiful mind*). Ron Howard. EUA, 2001.